Jacky GIRARDET

PAN RAMA 4
DE LA LANGUE FRANÇAISE

Cahier d'exercices

CLE
INTERNATIONAL

Édition : Martine Ollivier
Maquette / Mise en pages : ALINÉA
Couverture : Tarha / Michel Munier

Ce cahier d'exercices fait partie de l'ensemble PANORAMA (niveau IV), méthode de français pour grands adolescents et adultes ayant déjà suivi un enseignement de 350 heures environ.

Pour chacune des 24 leçons du livre, il propose :

• **Deux pages d'exercices** de révision et d'enrichissement portant sur les notions grammaticales et lexicales qu'il est nécessaire de maîtriser pour atteindre l'objectif de la leçon.

Ces exercices pourront être effectués soit pour un travail préparatoire à la leçon soit pour répondre à des besoins ponctuels en cours de leçon.

Ces deux pages d'exercices constituent également une introduction au travail demandé dans les deux pages suivantes.

• **Deux pages proposant l'étude d'un texte** conçue comme une préparation systématique aux épreuves du DELF (unités 5 et 6). L'étude de ce texte débouche :
– sur un travail d'expression écrite en relation avec l'objectif de la leçon et les compétences requises pour obtenir le DELF ;
– sur un test de connaissances culturelles.

• Textes préparant au DELF :

Unités du DELF	Thèmes	Pages
A5	Travailler	50 - 62
	Se déplacer	14 - 22 - 46
	Étudier	18 - 86
	Institutions	6 - 26 - 38 - 90
	Les pratiques culturelles (vie quotidienne)	34 - 54 - 58 - 70 - 94
	La civilisation et la culture contemporaines (art, culture, médias)	10 - 30 - 34 - 42 - 82
A6	Sciences humaines et sociales	54 - 58 - 78
	Sciences économiques et juridiques	6 - 62 - 90
	Sciences de la matière	74
	Sciences de la vie	14 - 66

Tous les exercices et les activités de ce cahier peuvent se faire **en autonomie. Leur corrigé** se trouve en fin d'ouvrage.

Grâce à sa double cohérence, ce cahier d'exercices peut être utilisé :
– comme une composante du matériel du niveau IV de la méthode PANORAMA ;
– comme un outil autonome de préparation au DELF.

Transformer les verbes et les adjectifs en noms

pour **noter, énumérer des idées et des informations.**

1 Transformer un verbe en nom par dérivation

a. Réécrivez les listes d'actions suivantes en employant des noms.

Exemple : concevoir un projet → conception du projet.

b. Faites la liste des suffixes et des autres modes de transformation que vous avez utilisés pour passer des verbes aux noms.

Exemple : suffixe « -tion ».

1. Les étapes de la réalisation d'un produit
concevoir un projet – élaborer une maquette – mettre au point le produit – fabriquer le produit – créer un conditionnement – commercialiser le produit.

2. Les grands mots de l'éducation
comprendre – s'exprimer – apprendre – mémoriser – lire – écrire – raisonner.

3. L'évolution d'un phénomène
commencer (débuter) – se dérouler – se succéder – progresser – s'étendre – stagner – diminuer – décliner – s'achever (finir).

4. Les moments d'une vie professionnelle
Vous êtes candidat à un poste – On vous embauche – Vous signez un contrat – Vous entrez en fonction – Vous êtes promu – Votre salaire augmente – Vous obtenez un poste important – Vous partez à la retraite.

5. Les moments d'une conférence
Le président ouvre la séance – Il expose les buts de la conférence – Les participants se présentent – Ils interviennent à tour de rôle – Ils discutent – Le président clôt la séance.

2 Passer d'un verbe à une expression nominale

Combinez les phrases suivantes en remplaçant le verbe en italique par une expression nominale. Utilisez la construction entre parenthèses.

Exemple : 1. *Du fait de son échec* aux dernières élections municipales de Paris, Claude Lapierre ne s'est pas présenté aux élections législatives.

Un homme politique parachuté

1. Claude Lapierre *a été battu* aux dernières élections municipales de Paris.
Il n'a pas pu se présenter aux élections législatives dans cette ville *(Du fait de…)*.

2. Il *a été désigné* par son parti pour être candidat en Bretagne.
Cela lui pose des problèmes *(infinitif)*.

3. Il *a* toujours *vécu* à Paris. Cela ne lui facilitera pas la tâche *(Le fait de…)*.

4. Toutefois, ses parents *étaient* d'origine bretonne.
Il disposera donc d'un point d'ancrage *(Du fait de…)*.

5. Il *possède* aussi une résidence secondaire en Bretagne.
Sa candidature paraîtra ainsi justifiée *(Par le fait que…)*.

6. Il *a* quelques amis dans la région. Ce sera son meilleur atout *(Le fait que…)*.

7. Il s'est fixé quelques objectifs. Il *rencontrera* des gens.
Il *étudiera* leurs problèmes. Il *s'adaptera* à leur mentalité *(infinitif)*.

3 Transformer un adjectif en nom par dérivation

a. Lisez le texte suivant. Faites la liste des caractéristiques des jeunes des années soixante et soixante-dix et de celles des jeunes d'aujourd'hui. Transformez les adjectifs en noms.

Exemple: Caractéristiques des jeunes des années 60 et 70: *idéalisme,…*

b. Faites la liste des suffixes que vous avez utilisés. Trouvez d'autres exemples d'emploi de ces suffixes.

Exemple: -*eur*: grand → la grandeur – lent → la lenteur.

Un ancien soixante-huitard fait son autocritique

«Dans les années 60 et 70, nous étions *idéalistes*. Nous avions de *grands* projets. Nous étions *certains* que nous pouvions changer le monde, *confiants* dans l'avenir, mais aussi *aveugles* et *inconscients* quant aux conséquences de ce que nous proposions. Bien entendu, nous étions *sensibles* à la misère de certains, mais les petits problèmes quotidiens des gens nous laissaient *indifférents*. Tout devait se résoudre par la révolution. En somme, nous restions *individualistes*, *égoïstes*, un peu *fous* et nous n'étions pas *souples* face à nos contradicteurs.

Les jeunes d'aujourd'hui me paraissent plus *réalistes*, plus *généreux*, plus *solidaires* et plus *proches* des gens. Ils sont *inquiets* face à l'avenir et *méfiants* à l'égard des grandes idéologies. Ils veulent avant tout être *efficaces* et pour cela, ils savent qu'ils doivent se montrer *modestes* dans leurs revendications.»

---

4 Passer d'un adjectif à une expression nominale

Combinez les phrases suivantes en remplaçant l'adjectif en italique par une expression nominale. Utilisez une construction «nom + adjectif» comme dans l'exemple.

Exemple: 1. Son *esprit brillant* sera très apprécié.

Un conseiller en communication juge un homme politique.

1. Il est *brillant*. Ce sera très apprécié.

2. Mais ses propos sont parfois *excessifs*. Il devra les modérer.

3. Il est souvent *impulsif*. Il devra se maîtriser.

4. Il est *dépensier*. Ça peut choquer.

5. Il est *perçu comme un aristocrate*. Il faudra modifier ça.

Une idée sociale : le revenu universel

Pour amorcer une logique rompant avec des politiques économiques standards, incapables d'endiguer la montée du chômage, une solution est de plus en plus souvent avancée : attribuer à chacun un revenu – qu'on peut appeler revenu de citoyenneté – dissocié de l'exécution d'un travail. Ce revenu qui, avec diverses variantes, apparaît dans la littérature économique récente sous les noms de revenu minimum garanti, revenu d'existence, allocation universelle, etc., est une somme à laquelle chacun a droit de manière inconditionnelle. Une idée de nature à bouleverser les fondements culturels de nos sociétés, car les mentalités y sont encore largement structurées par le modèle salarial apparu avec la révolution industrielle, où le revenu est la contrepartie d'un travail, lui-même unique mode de socialisation.

Si elle a la vie dure, cette conception ne correspond pourtant plus, et depuis fort longtemps, à la réalité. En France, 34 % des revenus des ménages étaient en 1993 constitués par des prestations sociales, c'est-à-dire des versements (allocations logement, allocations familiales, etc.) attribués à des personnes en raison de leurs besoins spécifiques ou de leur situation particulière, et non en échange d'un travail. […]

Il faut aussi rappeler que, si la production, en niveau et en qualité, dépend de plus en plus largement des activités de recherche-développement menées en aval dans l'entreprise, celles-ci sont uniquement rendues possibles par le rôle que joue l'État en amont : financement du système éducatif à tous les niveaux et de la recherche fondamentale dans les universités et les grands organismes publics. La recherche-développement privée bénéficie d'ailleurs aussi largement des crédits publics (aides diverses, crédit d'impôt, etc.) sur les plans national et européen (programmes communautaires, programmes Eurêka).

Ainsi, la création de richesses résulte désormais de la maîtrise d'un savoir technique hautement élaboré qui, bien que détenu et mis en œuvre par une minorité instruite, n'en constitue pas moins un héritage collectif, un patrimoine commun financé par la communauté, et dont tous les membres, riches ou pauvres, doivent pouvoir tirer profit.

La grande mutation qu'exige l'idée de revenu de citoyenneté pour se traduire dans les faits est donc, avant tout, d'ordre psychologique, une telle proposition n'ayant rien d'irréaliste sur le plan économique. Ainsi, le Britannique Keith Roberts proposait, dès 1983, la création d'un « *dividende national* » de 1 500 livres (à leur valeur de 1981) par an et par personne[1]. Première source de financement : les économies réalisées sur des prestations sociales (allocations familiales, allocations chômage, retraites, bourses d'études), devenues, pour partie, redondantes dans le nouveau système – et donc également sur les services administratifs chargés de les gérer. Deuxième source : un plan efficace d'imposition mélangeant TVA et impôt progressif sur le revenu. […]

Ne limitant pas ses propositions aux pays développés, M. Yoland Bresson, professeur à l'université Paris XII (Saint-Maur), avance l'idée d'un « *revenu d'existence* », applicable n'importe où dans le monde et fondé sur le concept de « *valeur temps* », prenant la succession de celui de « *valeur travail* »[2].

Jean-Paul Maréchal, « Manière de voir »,
Le Monde diplomatique, septembre-octobre 1998.

---

1. En 1998, on évalue cette allocation universelle ou revenu de citoyenneté entre 1 500 et 2 000 F par mois.
2. Pour cet auteur, le temps est une valeur économique puisque pendant toute sa vie l'être humain consomme, étudie et participe ainsi à la création de richesses. D'où la création d'un revenu universel fondé sur cette valeur temps, identique pour tous et indépendant des revenus du travail.

5 Compréhension du vocabulaire du texte

a. En lisant le texte, trouvez les mots dont voici les définitions.

Paragraphe 1 : empêcher, réduire – proposée – séparé – sans aucune condition.
Paragraphe 2 : se maintenir dans le temps – le foyer familial.
Paragraphe 3 : après un certain moment – avant un certain moment.
Paragraphe 4 : possédé.
Paragraphe 5 : qui seraient attribuées deux fois si on les maintenait – relatif à l'impôt.

b. Faites la liste des mots relatifs à l'argent. Donnez le sens de ces mots.

Exemple : Le revenu : argent gagné grâce au travail, aux placements bancaires, aux locations d'immeuble, etc.

6 Prise de notes

En employant des formes nominales, notez les idées et les informations contenues dans le texte. Faites apparaître l'enchaînement logique des arguments en utilisant les mots de l'encadré ci-contre (il n'est pas nécessaire d'utiliser tous les mots).

Exemple : Constat : incapacité des politiques classiques
à résoudre le problème du chômage.
Proposition : attribution…

> Conditions
> Conséquences
> Constat
> Exemple(s)
> Implication(s)
> Justification
> Proposition
> Moyens de
>   financement
> Solutions

7 Recherche d'idées de commentaires

En employant si possible des formes nominales, faites la liste :
– des critiques (arguments contradictoires, interrogations) qui vous viennent à l'esprit en lisant ce texte.
Exemple : Insuffisance du revenu universel proposé (entre 1 500 à 2 000 F par mois).

– des avantages de la proposition de l'auteur.
Exemple : Renforcement de la cohésion sociale.

8 Connaissances culturelles : la politique sociale de la France

Dans les situations ou domaines suivants, les Français sont aidés. Comment ? Sous quelle forme ? À quelle(s) condition(s) ?

• L'éducation.   • La famille.
• La santé.   • L'absence de travail.
• Le logement.   • L'absence totale de ressources.

Exemple : L'éducation : Système de l'Éducation nationale. Enseignement gratuit pour tous de l'école maternelle à l'université ou à l'école professionnelle. Attribution de bourses sous conditions de revenus.

Regrouper des informations autour d'un nom
par des juxtapositions, des constructions adjectives,
relatives ou participes et des compléments de nom

pour **synthétiser, résumer.**

---

1 Juxtaposition des informations / Constructions avec le verbe *être* / Construction du complément de nom

À partir de l'exposé oral suivant, rédigez en trois phrases une notice de dictionnaire sur la vie de Beaumarchais. Regroupez en une seule phrase les informations entre crochets en utilisant exclusivement des constructions juxtaposées, des constructions avec le verbe « être » et des compléments de nom.

Exemple : Né en 1732, Pierre Augustin Caron (plus connu sous le nom de Beaumarchais, une propriété de sa femme)… Tour à tour horloger…

Un génial touche-à-tout : Beaumarchais

[Beaumarchais est né en 1732. En fait, il s'appelait *Pierre Augustin Caron* mais il a pris le nom de Beaumarchais qui était celui d'une propriété qui appartenait à sa femme. C'est un homme qui a eu de multiples destins.]

[Il a d'abord travaillé avec son père qui était horloger et a inventé un mécanisme d'horlogerie révolutionnaire. Puis, il a enseigné la harpe et la flûte. Il est ensuite devenu homme d'affaires. Plus tard, le roi l'a engagé à son service comme agent secret. Puis, pendant la Révolution, il a fait du trafic d'armes. On a dit que c'était au profit de l'Angleterre. Vous voyez, il n'avait aucun scrupule. Mais si *Beaumarchais* est resté célèbre, c'est parce qu'il a écrit deux pièces de théâtre géniales.]

[Ces deux pièces sont *Le Barbier de Séville* et *Le Mariage de Figaro*. Elles sont remplies d'effets comiques. Elles sont très irrévérencieuses à l'égard des pouvoirs de l'époque et elles annoncent la Révolution. Rossini et Mozart en ont fait des opéras.]

---

2 Construction des propositions participes

Regroupez en une seule phrase, autour du mot en italique, les informations données entre crochets. Utilisez exclusivement des propositions participe présent et participe passé.

Exemple : En 1935, Pierre-Jules Boulanger, PDG de Citroën, rêve de construire une voiture originale pouvant transporter deux personnes et 50 kg de pommes de terre, roulant…

Une invention :
la Deux-Chevaux Citroën

[En 1935, Pierre-Jules Boulanger, PDG de Citroën rêve de construire *une voiture originale*. Elle pourrait transporter deux personnes et 50 kg de pommes de terre. Elle roulerait à 60 km/h et ne consommerait pas plus de 3 litres d'essence aux 100 km. Son prix serait le tiers de celui d'une voiture normale.]

[Ce fut la « *Toute Petite Voiture* » qu'on appela par la suite la Deux-Chevaux. Elle fut commercialisée en 1948. Elle avait été construite après 13 ans de recherches par l'ingénieur Lefèvre.]

[*La Deux-Chevaux* fut d'abord très critiquée. On la compara à une boîte de conserve. Mais elle fut rapidement appréciée pour ses nombreuses qualités. Elle devint la voiture populaire par excellence dans les années 50 à 70.]

a. Propositions relatives incises. Rajoutez à chaque phrase les informations données entre parenthèses en utilisant une construction avec un pronom relatif (qui, que, dont, etc.).

Exemple : 1. Le poisson, qui contient du phosphore, serait bon pour la mémoire.

Alimentation et capacités intellectuelles et physiques

1. Le poisson serait bon pour la mémoire (il contient du phosphore).

2. Les pâtes augmentent la résistance physique (elles contiennent des sucres lents. Les sportifs en consomment la veille des compétitions).

3. Le chocolat est un euphorisant anti-déprime (les Aztèques s'en servaient dans différentes préparations alimentaires. Ses bienfaits ont été découverts en France au XVIIᵉ siècle).

4. Le café et le thé accroissent l'attention et la concentration intellectuelle (on y trouve des substances stimulantes).

b. Propositions introduites par un pronom relatif composé : auquel (à laquelle, etc.) – préposition + lequel (laquelle, etc.) – préposition + du quel (de laquelle, etc.).
Complétez avec le pronom relatif qui convient.

Un journaliste interroge un psychologue à propos de la créativité.

Journaliste. Il y a un sujet sur .... je voulais vous interroger. C'est la capacité de création de certaines personnes. Comment un peintre arrive-t-il à imaginer des formes .... personne n'a jamais pensé et à propos .... les gens peuvent dire : « C'est totalement nouveau » ?

Psychologue. C'est une question sur .... on ne s'est penché que depuis peu de temps. Jusqu'à une époque récente, on se contentait de fabriquer des exercices grâce .... on développait la capacité de créer et des tests avec .... on mesurait cette capacité.

Journaliste. Il y a tout de même eu les travaux des surréalistes qui recherchaient des associations inhabituelles à partir .... ils composaient des poèmes.

Psychologue. Certes, mais toutes les recherches .... vous faites allusion n'expliquent pas comment on peut créer un roman dans .... vous avez un univers imaginaire très riche. On pense aujourd'hui que la créativité met en jeu deux types de mécanismes : le rappel d'images souvenirs avec .... le créateur va jouer et des procédés d'association, de suppression, de déplacement, ... constituent les véritables mécanismes de création.

DANSE
Philippe Découflé, magicien de la chorégraphie

Aux Jeux Olympiques d'Albertville, en 1992, le monde découvrit un clown danseur de 29 ans dans la plus fantastique des cérémonies d'ouverture. Aujourd'hui, Découflé triomphe avec «Shazam» et fête les 10 ans de sa troupe.

On dit de lui qu'il est le premier chorégraphe, après Béjart, à conquérir un aussi large public. «Je ne suis qu'un amuseur populaire», dit-il modestement. Enviés des scènes étrangères, son style et son univers sont uniques dans le monde du spectacle contemporain. Et restent inimitables.

«Découflé est d'abord un artiste qui donne à voir», explique Jacques Hinstin. Quand la plupart des chorégraphes modernes épurent leurs ballets à l'extrême, concentrent le regard du public sur un ou deux éléments visuels, Découflé, lui, développe 5, 10, 15 mouvements sur une seule scène. Même ses chorégraphies les plus dépouillées se caractérisent par une profusion visuelle, une abondance de tableaux et de personnages. Le «spectacle», au sens étymologique du terme[1], est chez lui absolu. Et si ce foisonnement va à l'encontre des tendances de cette fin de siècle, il plaît à un public lassé du dépouillement et de la pauvreté qui obsèdent nos artistes modernes. On va voir Découflé comme on irait à une fête foraine, à un cirque ambulant : avec l'envie d'en avoir plein les yeux, d'être saturé de couleurs, de mouvements. [...]

À la profusion d'images se mêle toujours, chez Découflé, l'obsession du mirage et de l'illusion. *Shazam*, inspiré par le palais des Mirages du musée Grévin[2], évoque l'esthétique chimérique du début du siècle. Il en a le charme et la poésie. «Découflé est un novateur, explique Jean-Paul Goude. Mais son univers résolument moderne est aussi marqué par la nostalgie. Il y a chez lui un goût du désuet, un amour enfantin pour tout ce qui est magique, merveilleux.» «Le titre même du spectacle est un hommage aux magiciens – *Shazam* est la formule que prononçaient les prestidigitateurs pour faire apparaître ou disparaître quelqu'un ou quelque chose.» [...]

Surtout, dans l'univers un rien sinistre de la chorégraphie contemporaine, Philippe Découflé a eu le courage, dès ses premières créations, d'oser le rire et la dérision. Le public lui sait gré de cette rare légèreté. [...] Le chorégraphe qui voulait être clown a conservé de son enfance la fraîcheur et le goût du grotesque hilarant. Loin des standards coutumiers de la danse, il joue sur la difformité, la maladresse des corps. Avec son acolyte, le costumier Philippe Guillotel, il aime affubler ses danseurs des prothèses les plus folles, des appendices les plus drôles. «Lorsque je l'ai découvert, raconte Jean-Paul Goude, Découflé avait eu l'idée de fixer au pied d'un danseur une vulgaire planche de bois. *A priori*, ça paraissait absurde, encombrant. Mais cet objet avait la vertu insolite de métamorphoser le mouvement : la démarche de son personnage devenait d'une beauté burlesque. Voilà le génie de cet homme : savoir tirer, avec humour, un parti esthétique d'un objet aussi simple.» En cette fin de millénaire austère, où nos silhouettes uniformes se confondent, l'«amuseur populaire» s'entoure de danseurs géants, rondouillets ou minuscules. Il magnifie les mouvements les plus maladroits, se penche avec tendresse sur nos difformités et nos failles. Et déclenche un grand éclat de rire salvateur.

Dès les premiers instants de *Shazam*, Philippe Découflé s'adresse à l'assistance. Perçant la bulle fictive qui sépare la scène des gradins, il lui suggère simplement, par quelques phrases rebondies[3], de ne rien prendre au sérieux. De ne pas être dupe, en somme, de ce qui va se passer sous ses yeux. Le public entre alors avec délice dans la confidence. Et applaudit à tout rompre.

Violaine de Montclos, *Marianne*, 25 mai 1998.

---

(1) «Spectacle» vient d'un mot latin qui signifie «regarder».
(2) Musée dans lequel des personnalités de l'actualité ou de l'Histoire sont représentées par des statues de cire. La salle appelée «Palais des Mirages» est consacrée à des effets d'illusion par des jeux de miroirs.
(3) Des phrases amples et riches de sens.

---

4   Compréhension du vocabulaire du texte

    a. *Paragraphes 1 et 2.* **Recherchez les mots qui sont en relation avec l'idée de «simplification» et avec l'idée d'«enrichissement». Donnez un synonyme ou une définition de ces mots.**

Recherchez les mots ou expressions qui signifient : s'opposer à… – fatigué – ébloui et fasciné par un spectacle.

b. *Paragraphe 3.* **Recherchez les mots en relation avec l'idée de « magie » et avec l'idée de « passé ».**

c. *Paragraphe 4.* **Recherchez et classez les mots qui sont en relation avec l'idée de « comique » et avec l'idée de « métamorphose ou de déguisement ». Recherchez les mots ou expressions qui signifient :** un peu – être reconnaissant de… – habituel – collègue ou assistant – façon de marcher – profiter de… – sans luxe et sans plaisir – un défaut – qui fait du bien.

d. *Paragraphe 5.* **Recherchez les mots ou expressions qui signifient :** un univers imaginaire – trompé – fort et avec enthousiasme.

5 Synthèse

En utilisant les constructions étudiées p. 8 et 9, enrichissez les phrases suivantes avec les principales informations de chaque paragraphe.

Exemple : Véritables festivals de couleurs et de mouvements, les spectacles de Philippe Découfl é qui mettent en scène une profusion de personnages…

Paragraphes 1 et 2 : Les spectacles de Philippe Découfl é sont à l'opposé des tendances chorégraphiques actuelles.
Paragraphe 3 : « Shazam » nous fait entrer dans un univers à la fois moderne et désuet.
Paragraphe 4 : Les créatures imaginées par Découfl é suscitent un rire salvateur.
Paragraphe 5 : Philippe Découfl é établit une connivence avec son public.

6 Connaissances culturelles : tendances des arts contemporains

a. Complétez le tableau suivant.

Caractéristiques des spectacles de Découflé	Caractéristiques des chorégraphies contemporaines
Profusion visuelle – Abondance de tableaux…	Dépouillement – Pauvreté recherchée…

b. Recherchez les manifestations de ces deux tendances opposées dans un ou plusieurs des domaines culturels que vous connaissez bien (musique, cinéma, théâtre, littérature, arts plastiques, mode, architecture, émissions de télévision, etc.).

Exemple : Théâtre : Dans la tendance Découflé, les spectacles baroques et burlesques du Grand Magic Circus ou du Royal De Luxe. Dans la tendance opposée, les mises en scène austères et dépouillées, les pièces à deux ou trois personnages sans décor.

c. D'après ce que vous savez des préoccupations et des aspirations des Français d'aujourd'hui, comment expliquez-vous le succès des spectacles de Philippe Découflé ?

Exposer les défauts et les qualités des actions et des comportements *pour* accuser, se défendre.

1 Caractérisation des actions

Le délégué à l'urbanisme d'une municipalité explique comment a été conçue et réalisée la médiathèque municipale.

Caractérisez les actions de la colonne de gauche avec les informations de la colonne de droite. Utilisez les constructions données entre parenthèses.

NB. Trois constructions permettent de caractériser une action :
– *l'adverbe* (Il parle lentement),
– *la construction « préposition + groupe nominal »* (Il parle avec lenteur),
– *le gérondif* (Il parle en détachant chaque mot).

Exemple : 1. Le projet de médiathèque a été conçu en impliquant toutes les personnes intéressées et dans la concertation.

	Les actions	Les caractéristiques des actions
1	Le projet de médiathèque a été conçu…	Toutes les personnes intéressées ont été impliquées (*gérondif*). Il y a eu concertation (*dans + groupe nominal*).
2	Nous avons effectué les études techniques…	Nous y avons apporté beaucoup de soin (*adverbe*). Nous avons tenu compte de tous les paramètres (*gérondif*).
3	Nous avons présenté le projet au public…	Nous avons observé les règles (*selon + nom*). Nous avons fait preuve de transparence (*dans + nom*). Les remarques de chacun ont été écoutées (*gérondif*). Nous voulions que personne n'ait rien à nous reprocher (*de manière que + proposition*).
4	Nous avons étudié les remarques des gens…	Nous avons été très attentifs (*adverbe*). Nous n'avons pas de préjugé (*sans + nom*).
5	Nous avons réussi à concilier les points de vues…	Nous avons beaucoup dialogué (*à force de + nom*). Nous avons abandonné certains détails (*au prix de + groupe nominal*).
6	Nous avons réalisé le projet…	Nous avons suivi à la lettre le cahier des charges (*gérondif*). Nous n'avons pas dépassé le budget (*sans + groupe nominal*).

2 Défauts et expressions imagées

Dans le dialogue suivant, notez le défaut traduit par chaque expression imagée. Réécrivez la phrase en langage courant.

Exemple : Traiter quelque chose par-dessus la jambe (négligence)
→ En traitant ce dossier, vous avez fait preuve de négligence.

Deux conseillers d'un ministre se querellent

A – Vous avez traité ce dossier par-dessus la jambe !

B – Vous ne trouvez pas que vous poussez le bouchon un peu loin !

A – À peine. Je commence à vous connaître. Vous savez très bien tirer la couverture à vous.

B – Au lieu de fourrer votre nez partout, vous feriez mieux de vous occuper de vos propres dossiers. Si quelqu'un a un poil dans la main ici, c'est bien vous !

A – Je ne vous permets pas !

B – Oh, ce n'est pas la peine de monter sur vos grands chevaux !

A – Ce dossier est un dossier ultra-sensible. Vous jouez les apprentis sorciers. Je vais être obligé d'en référer au ministre.

B – C'est ça. Allez lui cirer les pompes et casser du sucre sur mon dos. Ça, vous savez le faire. Surtout depuis que le ministre m'a demandé de l'accompagner dans ses voyages officiels. Avouez ! Vous en avez fait une jaunisse, hein ?

---

3 Pécher par défaut… ou par excès

a. Pour chacune des dix qualités suivantes, trouvez comment on peut pécher par excès ou par défaut.
Choisissez les mots appropriés dans chaque colonne.

Exemple : 1. → excès de soin / négligence.

Principales qualités que les chefs d'entreprise demandent à leurs collaborateurs	Excès	Défauts
1. Être consciencieux.	autoritarisme	attentisme
2. Savoir prendre des décisions.	entêtement	circonspection
3. Savoir faire face à l'imprévu.	excès de soin	couardise
4. Savoir travailler en équipe.	expansivité	désinvolture
5. Être persévérant.	extravagance	immobilisme
6. Savoir commander.	impétuosité	irrespect
7. Faire preuve d'enthousiasme et d'optimisme.	instabilité	laxisme
8. Savoir s'adapter au changement.	obséquiosité	misanthropie
9. Apporter des idées nouvelles.	précipitation	négligence
10. Respecter la hiérarchie.	témérité	prosaïsme

b. À quels excès ou défauts des listes ci-dessus se rapportent les phrases suivantes ?

1. C'est un tatillon.

2. C'est un ours.

3. C'est un timoré.

4. Il est buté.

5. Il ne s'en fait pas.

6. Il est plutôt accommodant.

7. Il change d'idée comme de chemise.

8. Il ne remue pas le petit doigt.

9. Il met la charrue avant les bœufs.

10. Il a mis le dossier au placard.

Le Mont Saint-Michel sauvé des eaux

Classé au patrimoine de l'humanité par l'UNESCO en 1984, le Mont Saint-Michel était condamné à ne plus être une île. La digue-route qui relie sur 2 km la célèbre abbaye à la terre empêche la marée de jouer son rôle de chasse d'eau et provoque l'ensablement des eaux. Cette digue va être remplacée par un pont sur 1 km. Sur ce pont ne passeront désormais que quelques véhicules : ceux

Les trois étapes du sauvetage de la citadelle

Mont St-Michel

1 km

① Nouveau pont
La digue actuelle sera rasée sur 1 km et remplacée par un pont laissant circuler les marées

② Barrage modifié
Le barrage sur le Couesnon sera adapté pour que le fleuve joue son rôle naturel de chasse d'eau

③ Ruisseaux libérés
Ces deux cours d'eau retrouveront leur débouché naturel pour stopper la progression des herbus

Polder — Herbus — Terre naturelle
Limite terre/eau — Effet de chasse d'eau — P Nouveaux parkings

Guintre — Polder — Canal de Couesnon — Ruisseau Landais — Beauvoir — Ardevon

des livraisons, ceux des Montois et la navette qui assurera en 8 minutes le transport des visiteurs depuis les nouveaux parkings. Mais un tel projet suscite quelques craintes. Chez les écologistes, chez les agriculteurs et chez tous ceux qui vivent grâce aux trois millions de touristes qui visitent annuellement le site.

« *Notre grand souci est de ne pas jouer les apprentis sorciers* », confirme Jean-Pierre Morelon, ingénieur général des Ponts et Chaussées, chef du projet au ministère de l'Équipement. Un des points clés du projet réside dans le respect de l'environnement. « *Nous sommes très attentifs à tout ce qui touche à l'hydraulique*[1] *et à la répartition des sédiments* »[2], assure-t-il. Une gigantesque maquette du mont, réalisée à Grenoble, va permettre d'étudier avec une précision record la manière dont la circulation des marées et l'écoulement des trois fleuves côtiers se feront lorsque le barrage, constitué par la digue, permettra aux courants de retrouver leur écoulement naturel.

Mais le bilan de cette étude, qui devrait être établi à la mi-1998, n'aura pas qu'un intérêt écologique. Il devra également confirmer qu'en retrouvant sa circulation normale autour du mont, l'eau ne menacera pas les multiples activités humaines qui s'exercent à l'intérieur mais aussi et surtout à l'extérieur de la citadelle, dans la baie du Mont Saint-Michel, où vivent, de Cancale à l'ouest jusqu'à Granville à l'est, environ cent mille personnes, réparties sur une trentaine de communes.

Hors du mont, il faudra notamment rassurer les exploitants agricoles qui craignent de voir les flots inonder leur domaine : il s'agit d'une part, des « herbus »[3] sur lesquels sont élevés dix mille « grévines », les moutons à tête noire qui produisent le fameux gigot de pré salé, et, de l'autre, de 3 500 hectares de polders[4] réalisés face au mont, de chaque côté du fleuve Couesnon, entre 1856 et 1934. « *Contrairement aux études précé-*

dentes, on a cette fois-ci écouté nos remarques », déclare Eugène Bouvier, un des soixante-dix producteurs de céréales et de légumes de plein champ qui caractérisent l'agriculture de la baie. Mais il rappelle que la moindre erreur dans les cotes[5] prévues pour son remplissage serait lourde de conséquences pour les cultures.

Sur le plan économique, ce sont les commerçants installés dans la citadelle qui s'alarment le plus. La coupure de la digue entraînera, en effet, la disparition du parking situé au pied même du mont, ce qui imposera aux touristes de garer leur véhicule sur la terre ferme, à plus de 2 km de distance, avant d'achever leur parcours grâce à un système de transport public dont la définition sera arrêtée au début de 1999. « *Si ce trajet terminal n'est pas parfaitement adapté, beaucoup risquent d'être rebutés, et de ne plus voir le mont que depuis la côte* », redoute la gérante d'une boutique de souvenirs, avant d'expliquer que chaque visiteur dépense en moyenne 85 francs sur le site même.

« *Nous sommes parfaitement conscients de l'enjeu économique d'un tel projet* », rétorque René Garrec, président du conseil régional de Basse-Normandie et du syndicat mixte État-collectivités auquel le gouvernement a confié la maîtrise d'œuvre globale du programme. « *Ceux qui s'inquiètent ne doivent pas oublier que c'est la région qui a proposé, il y a quatre ans, le projet aujourd'hui retenu. Celui-ci ne peut donc pas aller contre nos propres intérêts* », assure-t-il. Promettant que ce pont ne sera pas celui de la discorde, il s'engage solennellement sur l'efficacité et sur la gratuité du système de transport qui sera mis en place.

Jean-Paul Croizé, *Le Figaro*, 29-30/11/1997

---

(1) Science de la circulation des eaux. (2) Dépôt de terre apporté par un fleuve. (3) Prairie inondée par la mer à marée haute (pré salé). (4) Terre cultivable conquise sur la mer. (5) Mesures.

Compréhension du vocabulaire du texte

En lisant le texte, trouvez les mots dont voici les définitions.

• *Introduction* : construction qui empêche la mer d'envahir les terres – quand la mer avance sur la plage, puis se retire – véhicule de transport collectif qui fait des allers-retours en permanence.

• *1ᵉʳ paragraphe de l'article* : reproduction du site en réduction – quand l'eau coule – construction qui permet de retenir l'eau d'une rivière.

• *2ᵉ paragraphe* : ancienne construction entourée de murs.

• *3ᵉ paragraphe* : les eaux de mer en mouvement – cuisse de mouton ou d'agneau.

• *4ᵉ paragraphe* : s'inquiéter – la terre solide – décidé officiellement – découragé – craindre – personne qui exploite un magasin sans en être propriétaire.

• *5ᵉ paragraphe* : ce que l'on peut gagner ou perdre en réalisant le projet – répondre à un argument – désaccord.

5 La défense du projet

Complétez le tableau. Dans la colonne de gauche, notez les sujets de craintes et de réticences. Dans la colonne de droite, les arguments que les promoteurs du projet font valoir pour leur défense.

Personnes réticentes et sujets de craintes	Promoteurs du projet et arguments de défense
Les écologistes. Risques de bouleversements écologiques après la suppression de la digue et le rétablissement des courants…	*Le chef du projet* (ministère de l'Équipement). Les conséquences de la suppression de la digue ont été étudiées sur maquette…

6 Résumé de l'article

Résumez cet article en 10 lignes en continuant les phrases suivantes :

« Le projet de suppression de la digue-route qui relie le Mont Saint-Michel à la côte va être réalisé. L'ancienne digue sera remplacée… Cette réalisation permettra…
Ce projet suscite certaines craintes. Tout d'abord…
Pour leur défense, les promoteurs font valoir les arguments suivants…

7 Connaissances culturelles : la protection de l'environnement et du patrimoine naturel

a. Donnez des exemples de sites qui doivent être protégés :
– parce qu'ils appartiennent au patrimoine culturel de la France,
– parce qu'ils font partie de son patrimoine naturel.

b. Pour quelles raisons une zone est-elle classée…
– parc national ?   – parc régional ?   – réserve naturelle ?

Quelles sont les conséquences de ce classement ?

c. Faites une liste des personnes, groupes de personnes, associations, institutions, ministères, etc. qui sont concernés dans une opération de protection de l'environnement comme celle du Mont Saint-Michel.

Exprimer le droit, l'obligation, la nécessité

pour **suggérer, proposer, justifier une idée, un projet, une réforme...**

1 Droits, autorisations, permissions

Pour chacune des situations ci-dessous, rédigez un bref dialogue (une question et une réponse) après avoir choisi un des couples de verbes de la liste. Utilisez le premier verbe dans la question et le second dans la réponse.

Exemple : a. – Est-ce que j'ai la liberté de choisir n'importe quelle option ?
– Absolument. Vous êtes libre de choisir ce que vous voulez.

a. Une étudiante s'inscrit dans une université. Diverses options lui sont proposées en plus des cours obligatoires. Elle demande si elle peut choisir n'importe quelle option. Réponse positive.

b. Dans une agence de voyage, un touriste achète un billet d'avion à tarif réduit. Il demande s'il pourra changer sa date de retour. Réponse négative.

c. Un automobiliste demande à un agent de police s'il peut exceptionnellement s'arrêter une minute sur un stationnement interdit. Réponse positive.

d. Au cours d'une négociation, un chef d'entreprise demande au personnel si en échange d'une augmentation de salaire, il serait d'accord pour travailler le samedi. Réponse négative.

e. Un jeune en formation doit faire un stage dans l'entreprise Darmont. Il demande à son directeur s'il peut faire ce stage dans l'entreprise Alma. Réponse positive.

f. Un collaborateur demande au directeur s'il peut ne pas venir à la réunion hebdomadaire afin de pouvoir terminer un travail. Réponse positive.

- accepter /
  faire une concession.
- avoir la liberté /
  être libre de...
- autoriser /
  dispenser.
- donner
  l'autorisation /
  consentir.
- permettre / tolérer.
- avoir le droit de /
  être autorisé à...

2 Expression de l'obligation

Complétez avec les verbes de la liste (ou leur participe passé).

Un journaliste a été autorisé à visiter des installations militaires stratégiques. Le capitaine qui l'accompagne lui fait des recommandations.

« Je suis désolé mais nous allons devoir .... des consignes très précises et je vous demanderai de .... mes instructions à la lettre.

D'abord, vous serez .... de rester à mes côtés pendant toute la visite.

À l'entrée, il faudra vous .... à une fouille complète. Ensuite, vous serez .... de revêtir une tenue spéciale.

Les personnes qui travaillent ici sont .... au devoir de réserve.

Vous serez donc .... au silence absolu. Toutefois, après la visite,

- astreindre
- contraindre
- être censé
- être tenu à / de
- imposer
- obéir
- obliger
- observer
- se soumettre à
- suivre

nous rencontrerons le commandant et vous pourrez l'interroger.

Mais bien sûr, il n'est pas .... répondre à toutes vos questions.

Voilà. Je suppose que vous comprenez pourquoi nous vous ....
des règles aussi draconiennes. Êtes-vous prêt à y .... ? »

3   Expression atténuée de l'obligation et de la nécessité par la forme impersonnelle

Les phrases suivantes ont été prononcées lors d'une réunion d'étudiants qui préparent une manifestation - spectacle sur un problème d'écologie. L'un des étudiants rédige ensuite le compte rendu de la réunion. Reformulez le contenu de ces phrases telles qu'elles pourraient apparaître dans le compte rendu en employant les formes données en marge.

Exemple : a. Il est essentiel de louer un bon matériel de sonorisation.

a. Il faut penser à louer la sono. Un bon matériel de sono, c'est essentiel.

b. Il ne faut pas oublier de prévoir un service d'ordre. C'est la règle.

c. À mon avis, il faudrait envoyer les invitations avant le 15 avril.

d. Au fait, pensons à inviter quelques personnalités : le recteur, le député… Ça se fait.

e. Moi, je pense qu'avant le spectacle, il faudrait que quelqu'un dise quelques mots pour remercier les sponsors.

f. Pour notre spectacle, si on demandait l'avis d'un spécialiste, ce serait intéressant, non ?

g. Si vous voulez, je peux demander au directeur du théâtre du Printemps de venir. Je le connais.

> • *Il est (serait)… /*
> *Il paraît (paraîtrait) bon, souhaitable, intéressant, possible, essentiel, important, impératif*
> • *Il conviendrait de..*

4   Expression de la volonté : de la suggestion à l'ordre

Dans chacune des situations suivantes, les demandes vont être formulées trois fois de façon de plus en plus ferme au fur et à mesure que le temps passe.
Exprimez ces demandes en n'utilisant qu'une fois les verbes de la liste.

Exemple : a. Je te propose… J'ai bien envie… Je…

a. Le samedi 9 octobre, Isabelle fait part à Rémi de son désir d'aller voir une exposition. Pas de réaction. Elle renouvelle sa demande les deux samedis suivants…

b. Il pleut. La ville est inondée. Au fur et à mesure que l'eau monte, les pompiers demandent aux habitants d'une villa de les rejoindre dans leur canot pneumatique…

c. Au cours d'une excursion en car, Michel se sent de plus en plus malade et voudrait bien que le car s'arrête. Mais le chauffeur lui demande de patienter…

d. Jérémy ne vit plus avec ses parents et déteste les réunions familiales. Pourtant dans un mois, on fête les cent ans de l'arrière-grand-mère…

> • *J'ai envie (de)*
> • *J'aimerais*
> • *Je conseille*
> • *Je demande*
> • *Je désire*
> • *Je donne l'ordre*
> • *J'exige*
> • *Je propose*
> • *Je souhaiterais*
> • *Je vous supplie (de)*
> • *Je tiens (à ce que)*
> • *Je veux*

Pour une université européenne

La formation d'un esprit européen requiert que la jeunesse intègre l'héritage multidimensionnel de l'Europe. En ce sens, être européen signifie avoir une identité à la fois régionale, nationale et européenne. Quel meilleur moyen d'atteindre cet objectif que la création d'une université européenne ? […]

Il faut tout d'abord admettre le formidable défi que représente la création d'une université européenne. Il n'existe en fait aucun modèle à un tel projet. Il y a certes de grandes institutions nationales qui, grâce à leur prestige et à leur excellence, ont acquis une dimension internationale. Mais l'échec par lequel s'est soldée la création d'universités internationales devrait nous mettre en garde contre les obstacles qui peuvent se présenter. À vrai dire, l'Union européenne a déjà ouvert certaines institutions universitaires – le Collège d'Europe à Bruges, l'Institut universitaire européen de Florence. Toutefois, leurs objectifs sont très précis, et elles sont réservées à des étudiants diplômés.

À long terme, il sera sans doute nécessaire de créer plusieurs de ces universités. Ces institutions constitueront le plus solide fondement de l'Union européenne, car elles feront accepter l'Europe aux citoyens de l'Europe ; elles transmettront des valeurs et une culture partagées par les citoyens des États membres ; elles faciliteront enfin la mobilité de ces citoyens (et des professionnels) d'un bout à l'autre de l'Union – mobilité restée, jusqu'ici, très théorique. Les citoyens vont ainsi vivre l'idée européenne, au lieu de la craindre, ou de s'y résigner. […]

Des universités européennes devront être créées dans plusieurs villes d'Europe. Elles devront couvrir tout le cycle des études, des premières années jusqu'au doctorat. Elles devront aborder l'ensemble des disciplines.

Les universités européennes recruteront leurs professeurs essentiellement, mais non exclusivement, en Europe. Leurs diplômes devront être reconnus de façon équivalente dans tous les États membres et donner accès aux instituts universitaires et de recherche comme au secteur privé, et même (pourquoi pas ?) à la fonction publique.

Ces établissements, pour être de qualité et reconnus au niveau international, devront aussi abriter des centres de recherche. Il n'est pas d'exemple d'une grande université où ne soient menées des recherches importantes.

L'université européenne doit éviter les problèmes qui pèsent sur l'enseignement de masse en France, en Allemagne, en Italie, en Espagne, pour ne donner que quelques exemples des plus manifestes. Dans tous ces pays, les universités sont surchargées, manquent de moyens, ont peu de prestige dans la société. Il se pourrait bien, d'ailleurs, que la création de l'université européenne ait en soi un effet bénéfique à l'échelon national en encourageant les gouvernements à entreprendre une grande réforme universitaire.

À l'université européenne de faire ce que l'Université, d'une manière générale, ne fait pas : se respecter elle-même, en respectant ses étudiants et son corps enseignant. Elle doit, en effet, permettre d'accueillir les étudiants différemment : les aider à résoudre leurs problèmes de logement ; leur assurer durant leurs études un emploi à temps partiel (dans les bibliothèques, les cafétérias, etc.) ; les assister enfin, leur diplôme obtenu, dans la recherche d'un emploi dans l'Europe tout entière.

Le label « Europe » devra marquer cette institution dès le départ. L'enseignement et la recherche se dérouleront en plusieurs langues. Il n'y a pas de raison qu'il n'en soit pas ainsi. Car la seule langue commune à l'Europe – ou du moins, ce qui s'en rapproche le plus – est l'anglais.

L'université européenne réussira à une seule condition, impliquant un seul et unique idéal : l'excellence. Celle des étudiants. Des enseignants. Des chercheurs. Il faut avant tout éviter que cette institution ne fonctionne sur le modèle des Nations unies, à savoir sur la représentation nationale[1]. Ou bien sera adopté le principe de l'excellence et ce sera un succès, ou bien sera suivi l'exemple usé de la représentation proportionnelle et l'on versera rapidement dans la médiocrité.

Comment sera financée cette université ? À l'évidence, dans sa première phase, du moins, l'essentiel des fonds viendra des États membres. Mais pourquoi ne pas également demander aux étudiants issus de familles aisées d'assumer le coût de leurs études, tout en réservant les bourses et les prêts à ceux qui ne disposent que de faibles moyens ? Cette idée sensée a du mal à faire son chemin dans les pays d'Europe, mais elle peut être mieux acceptée au niveau européen.

Une participation, même limitée, des étudiants à leurs études donnera à l'université européenne une légitimité accrue vis-à-vis de ses financiers, les contribuables des États membres. Elle permettra aussi de lui gagner le respect de ses partenaires. […]

Mais pour être viable, cette université doit être véritablement européenne. Une initiative franco-allemande associant d'autres pays de l'actuelle et de la future Union ne peut être que la bienvenue. En revanche, un projet uniquement franco-allemand sentirait le bilatéralisme et la domination, et ne servirait guère l'idée européenne.

Wolf Lepenies (recteur du Wissenschaftskolleg de Berlin) et Ezra Suleiman (professeur de sciences politiques et directeur du Centre d'Études européennes de l'université de Princeton) *Le Monde*, 12/11/1997 (traduit de l'anglais par Sylvette Gleize).

---

(1) À l'O.N.U., chaque pays dispose d'une voix. Les auteurs préfèrent un recrutement selon des critères de compétence plutôt qu'un nombre de places attribuées à chaque pays.

5 Lecture et compréhension du texte

Cet article comporte 13 paragraphes courts. Tout en lisant ce texte :
a. Recherchez les mots dont le sens est précisé ci-dessous.
b. Répartissez chaque paragraphe dans le tableau selon sa fonction
(prenez soin, auparavant, de numéroter les paragraphes de 1 à 13).

• Vocabulaire.
Paragraphe 1 : nécessiter – acquérir. *Paragraphe 2 :* l'échec auquel a abouti…
Paragraphe 3 : la base, le support. *Paragraphe 5 :* engager (du personnel).
Paragraphe 7 : évident – par elle-même. *Paragraphe 8 :* aider. *Paragraphe 9 :*
la marque (signe de qualité). *Paragraphe 10 :* le haut degré de perfection.
Paragraphe 11 : l'argent destiné au fonctionnement – prendre en charge
(payer). *Paragraphe 12 :* le fait d'être reconnu, accepté légalement. *Paragraphe 13 :* pour qu'elle dure et se développe – accord entre deux pays.

• Fonctions des paragraphes.

Justifications du projet de création d'une université européenne	Erreurs à éviter et conditions de succès	Détails du projet (organisation, etc.)
(1)…	(2)…	(4)…

6 Compte rendu de l'article

Regroupez les informations de chaque type de paragraphes (selon les 3 colonnes du tableau). Faites un compte rendu de cet article en 3 parties.

1. *Le projet et ses justifications :* « Les auteurs proposent… Cette université permettrait… Elle se justifie par la nécessité de… »

2. *Les conditions de succès :* « Il conviendrait tout d'abord de se démarquer des réalisations existantes trop spécialisées. Par ailleurs, il paraît capital d'éviter… »

3. *L'université européenne :* « Il est nécessaire de répartir les universités européennes dans plusieurs villes d'Europe… »

7 Connaissances culturelles : l'Union européenne

a. *Les influences entre les pays d'Europe.* Citez des exemples d'influences des pays d'Europe en France (langue, arts, architecture, etc.). Citez des exemples d'influences françaises dans les pays d'Europe.

b. *Justifications de la construction de l'Europe.* Donnez quelques arguments pour montrer que la construction de l'Europe est possible et souhaitable.

c. *La construction de l'Europe.* Qu'évoquent pour vous les mots suivants : le marché commun – l'Union européenne – le Parlement européen – le Conseil de l'Europe – l'élargissement de l'Europe.

d. *Les réalisations européennes.* Citez quelques réalisations concrètes du projet européen dans des domaines que vous connaissez (éducation et formation des jeunes, industrie, agriculture, infrastructures, etc.).

Décrire des évolutions positives ou négatives, exprimer le changement ou la permanence

pour **mettre en relation une situation passée avec une situation plus récente.**

1 Raconter une évolution

a. Observez l'emploi des temps verbaux et des indicateurs de temps dans le récit suivant.

État passé (à l'imparfait) Adverbes d'habitude et de fréquence	À 30 ans, Christiane *s'investissait* totalement dans sa profession. Elle *restait souvent* tard le soir au bureau. Elle *partait régulièrement* en vacances pour évacuer son stress…
Moment de rupture *(au passé composé ou au passé simple)* Indication du moment	*À 31 ans (l'année suivante, un jour…)* elle a eu un enfant.
Description du changement *(au passé composé ou au passé simple)* Indication du rythme du changement	*Brusquement (en quelques jours, petit à petit…)* elle *a complètement changé*. Elle a *quitté* son entreprise. Elle *a trouvé* un emploi à mi-temps…
Nouvel état passé (à l'imparfait) ou *état présent (au présent)*	• Je l'ai vue *il y a quelques années*. Elle *s'occupait* beaucoup de son fils. Elle *avait acheté* une maison de campagne… • *Désormais*, elle *s'occupe* de son fils…

b. Sur le modèle ci-dessus et à partir des notes suivantes, rédigez le récit de ces deux évolutions.

	L'évolution de la peinture entre les XIXᵉ et XXᵉ siècles	L'évolution du métier de vigneron dans la deuxième moitié du XXᵉ siècle
État passé	Jusqu'au XIXᵉ siècle : peinture → représentation de la réalité. Fonctions : conserver un témoignage du présent – valeur pédagogique (substitut du livre) – valeur décorative.	Jusque dans les années 40 : petites exploitations – travail essentiellement manuel (main-d'œuvre importante) – Autonomie du vigneron (il fait son vin lui-même).
Rupture et changement	À partir du milieu du XIXᵉ siècle : → invention de la photographie, puis du cinéma (la peinture perd ses fonctions de témoignage et de support éducatif). → progrès scientifiques (la réalité est plus complexe que ce que l'on perçoit). → développement de la psychologie (le peintre s'intéresse à son monde intérieur).	À partir des années 40 : → développement des caves coopératives (le vigneron perd son autonomie). → mécanisation. → développement de la concurrence. → exigence croissante de qualité.
Nouvel état passé ou état présent	Premières années du XXᵉ siècle : → apparition des principales tendances qui marqueront le siècle. → le peintre crée une réalité nouvelle (art abstrait, cubisme) ou évoque un univers intérieur (expressionnisme).	Aujourd'hui : → le vigneron est devenu chef d'entreprise. → retour aux grandes exploitations. → production de qualité. → importance du secteur commercial.

a. Complétez avec les mots de la liste en n'utilisant chaque mot qu'une seule fois.

b. Trouvez cinq autres verbes exprimant le changement et cinq autres exprimant la permanence.

Une femme de cinquante ans parle de sa ville.

• Depuis 1945, ma ville a beaucoup changé. L'accroissement important de la population et l'effondrement de l'industrie textile dont elle vivait lui ont imposé une profonde ....

• Les zones périphériques .... (considérablement). Les quartiers semi-ruraux .... en grands ensembles et en zones commerciales ou industrielles.

• Ce nouvel urbanisme .... (profondément) nos modes de vie.

• Heureusement, le centre ville n'a pas été totalement .... Il a su garder ses fonctions sociales, administratives, culturelles et commerciales bien qu'il n'en ait plus le monopole.

• On avait prédit la mort du petit commerce. Il a réussi à ....

• Près de chez moi, il y a un quincailler qui .... à travailler à l'ancienne comme son père et son grand-père. On peut encore acheter chez lui cinq grammes de clous, recevoir des conseils tout en commentant les nouvelles du quartier. Il contribue à .... la tradition du petit commerce de proximité. Mais pendant combien de temps pourra-t-il .... ?

• Je reste optimiste. Je suis persuadé que le désir d'avoir une vie de quartier fait partie des besoins essentiels et qu'il .... longtemps.

> *Idée de changement*
> bouleverser
> (se) développer
> (se) métamorphoser
> (se) modifier
> une mutation
> *Idée de permanence*
> (se) maintenir
> perdurer
> (se) perpétuer
> persister
> subsister

---

3 **Évolution positive (amélioration) ou négative (dégradation)**

Choisissez dans les deux listes ci-dessous les verbes qui vous paraissent les plus appropriés pour décrire l'évolution positive puis l'évolution négative :

• d'une mécanique
• d'un objet fragile
• d'un végétal (fleur, fruit)
• d'une compétence
• d'un état de santé
• d'une construction
• d'un organisme vivant
• d'un caractère
• d'un défaut
• d'un goût, d'une saveur

Exemple : un mécanisme se détraque,
se casse / se répare, se remet en marche.

Idée d'amélioration	Idée de dégradation
(s')amender	(s')altérer
(s')améliorer	(s')aggraver
(se) bonifier	(se) casser
(se) corriger	décliner
(s')épanouir	dégénérer
(se) perfectionner	(se) dégrader
progresser	(se) délabrer
(se) reconstruire	(se) détraquer
(se) régénérer	(se) dénaturer
(se) remettre en	(s')effondrer
marche	endommager
rénover	(s')étioler
réparer	(se) gâter
	(se) perdre
	pourrir
	régresser

TOURISME

Les jeunes privilégient confort et utilité dans le choix de leurs voyages

Les plus audacieux «*prenaient la route*» direction Katmandou ou Lima, dormaient à la belle étoile, se déplaçaient dans des bus brinquebalants, mangeaient «local», sans se soucier des amibes. Les autres achetaient une carte Greyhound pour sillonner les États-Unis en bus, allaient en Grèce ou en Turquie en car. Les jeunes des années 70 découvraient le monde en jouant la carte de l'aventure à petits prix. Leurs enfants voyagent autrement, parce qu'ils sont plus riches, plus pressés, plus organisés et plus soucieux de leur confort.

«*Ma vitrine était surchargée de petites annonces de jeunes qui cherchaient des coéquipiers pour partir, il n'y en a plus que trois ou quatre*», note Catherine Domain, de la librairie de voyages Ulysse, à Paris. Comme tous les spécialistes, la libraire fait remonter à la guerre du Golfe l'apparition d'une nouvelle manière de voyager chez les jeunes. Signe des temps, il arrive aujourd'hui que parents et enfants – «*même à vingt-cinq ans*», dit Catherine Domain – voyagent ensemble. Et s'il est impossible d'évoquer les jeunes et le voyage de manière générale, tant les parcours sont diversifiés, une chose est sûre : l'aventure attire toujours, mais elle n'a plus le monopole.

Depuis plus de dix ans au service de voyagistes, Benoît Lucchini, qui travaille aujourd'hui pour le *Guide du routard*, a vu changer la jeune clientèle des destinations lointaines : «*Il y a moins d'errance, c'est plus pensé, plus calibré, les jeunes utilisent davantage les guides.*» Si le comportement a changé, le profil, lui aussi, a évolué. «*Les babas* [1] *des années 70 faisaient partie d'une élite, pas forcément financière, mais intellectuelle*, dit Benoît Lucchini, *maintenant, on rencontre des jeunes de banlieue.*»

Parmi les exigences des jeunes générations : un supplément de confort, de balises et de modernité. En témoigne Jean-François Gauthier, responsable du marketing de la Fédération unie des auberges de jeunesse (FUAJ) : «*Leurs parents baroudaient sans réservation, ce n'est plus le cas.*» L'International Booking Network, le système de réservation internationale de la FUAJ, se révèle «*extrêmement demandé*» par les jeunes Français, de même que le site Internet de la fédération – qui permet d'élaborer son itinéraire à l'avance – est énormément consulté.

Confrontée à «*une vraie demande de nouvelles technologies*», la FUAJ est en train de développer une nouvelle étape, un système de réservation par carte à puce et l'accès au multimédia. Côté confort, les auberges de jeunesse ne sont plus ce qu'elles étaient. Finies les chambres de dix-huit à vingt lits : dans les dernières réalisations, on dort au maximum à six par chambre.

«*On a de plus en plus de demandes de vols à dates fixes, sans doute pour des stages ou des séjours linguistiques ; les jeunes ont introduit la ponctualité dans leurs déplacements*», dit-on au siège de l'Organisation du Tourisme Universitaire (OTU). Derrière cette nouvelle façon de voyager, une constante : le manque de temps. Valentine, étudiante, parle avec envie du voyage que sa mère avait effectué du temps de sa jeunesse. Trois semaines de paquebot pour se rendre en Inde. Une éternité ! «*Nous, on a moins de temps, on a des stages à faire, et comme on n'est pas payés, après le stage, il faut travailler pour pouvoir voyager.*» Résultat : «*Maintenant, les voyages c'est pas mal en stages ou dans le cadre des études.*»

Valentine se définit comme une adepte des «*bons plans*», une «*spécialiste des voyages qui ne coûtent rien*». Sa maîtrise de gestion, elle l'a effectuée à l'université de Barcelone. Si, un été, elle a passé trois mois au Burkina, c'est parce qu'elle était partie dans le cadre d'une mission humanitaire. À Londres, elle a été serveuse. Quant au voyage qu'elle effectue en ce moment au Canada, il est payé par le *Guide du routard*, pour lequel elle chine de bonnes adresses.

Adieu la «route», vive le stage ! «*Dans certains pays comme l'Inde, de plus en plus de jeunes diplômés partent non pas avec le sac à dos mais avec l'attaché-case, ils vont en stage du côté de Bangalore, la 'Silicon Valley' indienne*» témoigne Jean-Damien Lepere, l'un des auteurs du *Guide du job-trotter* (éditions Dakota, 89 francs).

Marie-Pierre Subtil,
Le Monde, 27 et 28 juillet 1997

---

(1) Terme proche de hippie. Jeune un peu marginal, écologiste, non violent, inactif, souvent nomade, plutôt mystique et vivant parfois en communauté.

4 Compréhension du vocabulaire du texte

Lisez le texte en vous aidant des définitions suivantes :

Paragraphe 1 : dormir la nuit à l'extérieur – secoué parce qu'en mauvais état – parasite provoquant des maladies intestinales – parcourir tout le pays. *Paragraphe 2 :* compagnon de voyage. *Paragraphe 3 :* Voyage sans but précis – bien défini – caractéristiques d'une personne. *Paragraphe 4 :* repères, indications qui permettent de guider – voyager de façon aventureuse. *Paragraphe 7 :* au sens propre, rechercher un objet dans une brocante ou un marché aux puces ; ici, appliqué à la recherche des bonnes adresses.

5 Synthèse de l'article

a. Notez dans le tableau ce qui caractérise la façon de voyager des jeunes dans les années 70 et aujourd'hui. Il ne s'agit pas de recopier les phrases du texte mais de dégager des caractéristiques générales.

Exemple : Les jeunes « dormaient à la belle étoile, se déplaçaient dans des bus brinquebalants, mangeaient "local" sans se soucier des amibes ».
→ Acceptation de conditions de vie précaires. Insouciance.

Attitudes et comportements des jeunes en voyage dans les années 70	Attitudes et comportements actuels
Acceptation de conditions de vie précaires. Insouciance. Goût de l'aventure…	Souci d'organisation et de confort.

b. Rédigez une synthèse de l'article en suivant le schéma de récit d'évolution donné dans l'exercice 1.

1. Situation passée (attitudes et comportements dans les années 70).

2. Rupture et raisons du changement (complétez les informations du texte).

3. Situation présente (attitudes et comportements actuels).

6 Connaissances culturelles : les valeurs des jeunes

Préparez un exposé oral sur l'évolution des valeurs des jeunes depuis les années 70 en complétant le tableau.

	Années 70 à 80	Années 90
Le contexte politique, économique et social (situation politique et économique, événements symboliques). Aspirations et préoccupations principales des jeunes.		
Les signes extérieurs (vêtements, véhicules, etc.).		
L'attitude envers la famille.		
L'attitude envers l'école.		
L'attitude envers la société.		
Exemples de regroupement de jeunes.		

LEÇON 6

Inclure un mot dans une catégorie, exprimer l'appartenance, la fonction, les caractéristiques

pour **définir un objet ou une idée.**

---

1 Définition par la catégorie

a. Dans quelle(s) catégorie(s) peuvent entrer les mots suivants?

Exemple : un bureau → les meubles / les pièces, les locaux

- un cœur
- une glace
- un avocat
- le bizutage
- la télévision
- la grippe
- le communisme
- la liberté
- les exclus
- la Sécurité sociale
- l'E.N.A.
- la mémoire

b. À partir des notes suivantes, construisez une définition comme dans l'exemple.

Exemple : 1. L'ENA est une grande école où l'on forme les hauts fonctionnaires.

1. *L'ENA.* On y forme les hauts fonctionnaires.

2. *La Comédie Française.* On y joue en priorité le répertoire français. Elle a été fondée en 1680. *théâtre / troupe*

3. *Le bonheur.* On commence à en parler au XVIIIᵉ siècle. *état / état d'âme / sentiment*

4. *L'égalité.* Elle fait partie de la devise de la France. Les Français y sont très attachés. *idée / idéal*

5. *Le camembert.* Il est produit en Normandie. *un fromage*

6. *Le roquefort.* Il est produit dans le Sud-Ouest à partir du lait de brebis. L'empereur Charlemagne a fait sa réputation.

---

2 Définition par l'appartenance

Complétez avec les mots de la liste.
N'utilisez qu'une seule fois les mots que vous avez choisis.

Polices

Il existe en France plusieurs services de police : la police nationale qui .... du ministère de l'Intérieur, la gendarmerie qui *fait partie* du ministère de la Défense et les polices locales qui .... des municipalités. La coopération entre ces différents services est un *élément* important de la politique du gouvernement en matière de sécurité.

Syndicalisme

Pierre Blanc est *membre* .... du syndicat des enseignants (SE) qui est une *composante* .... de la puissante Fédération de l'Éducation Nationale (F.E.N.).

> *Expression de l'appartenance*
> appartenir
> dépendre (de)
> faire partie (de)
> participer (de)
> se rattacher (à)
> relever (de)
> une composante
> un élément
> un membre
> une partie
> une pièce

Surréalisme

Bien que l'écrivain Julien Gracq ait rencontré quelques poètes surréalistes, on ne peut pas dire que son œuvre .... à ce mouvement. Toutefois, ses romans par de nombreux aspects .... à l'esthétique du Surréalisme. Ses personnages .... du même esprit de recherche de mystérieux signes de connivence entre le monde et les hommes.

3 Définition par la fonction

À partir des informations qui vous sont données, définissez les personnes ou les choses suivantes. Utilisez les expressions entre parenthèses.

Exemple : 1. Un avocat est un juriste qui a la charge de défendre un accusé lors d'un procès et dont on utilise les services lorsqu'on a besoin de conseils pour faire valoir ses droits.

1. *Un avocat.* Juriste. Défend un accusé lors d'un procès. Donne des conseils en matière de droits *(avoir la charge de… utiliser les services de…).*

2. *Un huissier.* Officier ministériel. Fait exécuter les décisions de justice. Fait des constats à la demande des personnes *(le rôle de… avoir recours à…).*

3. *Le Minitel.* Petit terminal distribué gratuitement aux abonnés du téléphone. Permet de consulter des banques de données. Les Français consultent surtout l'annuaire des téléphones et les horaires des transports en commun *(servir à… être utilisé…).*

4 Définition par les caractéristiques et par les comparaisons

En vous aidant des informations qui sont données, définissez les objets et sujets suivants en exposant leurs caractéristiques et en faisant des comparaisons. Utilisez les expressions entre parenthèses.

Exemple : 1. Les médicaments génériques se définissent par le fait que leur brevet est tombé dans le domaine public. Par rapport aux autres médicaments…

Objets et sujets à définir	Caractéristiques	Éléments de comparaisons
Les médicaments génériques	Leur brevet est tombé dans le domaine public *(se définir par)*	Les autres médicaments sont plus chers *(par rapport… se caractériser par…)*
Le quotidien Le Monde	Format moyen – Absence de photos et de couleurs – Sérieux des informations – Paraît en début d'après-midi *(se caractériser par… la particularité)*	Les autres quotidiens nationaux : moins austères, moins complets, plus engagés politiquement *(en comparaison avec… la spécificité)*
La poésie de Verlaine	Traduction des sensations et des impressions avec des mots simples *(l'essence…)*	La poésie de Rimbaud : moins paisible, moins musicale *(par opposition à… se définir par)*
Le cinéma de Luc Besson	Beauté, force et violence des images *(être marqué par…)*	La production française actuelle est plutôt intimiste *(par rapport à… avoir pour caractéristique…)*

D • O • S • S • I • E • R

Une certaine idée française de la République

Article premier de la Constitution de 1958

La France est une République indivisible, laïque, démocratique et sociale. Elle assure l'égalité devant la loi de tous les citoyens sans distinction d'origine, de race ou de religion. Elle respecte toutes les croyances. La langue de la République est le français. L'emblème national est le drapeau tricolore bleu, blanc, rouge. L'hymne national est *la Marseillaise*. La devise de la République est «Liberté, Égalité, Fraternité». Son principe est : gouvernement du peuple, par le peuple, pour le peuple.

Sur deux traits de la République française

La République indivisible

Bien que la Constitution de 1958 ne parle que d'indivisibilité, on ne peut guère séparer cette dernière de l'unité de la République. La République une et indivisible signifie le refus de la division du peuple et le maintien de l'intégrité territoriale. […]

Si, pendant un temps, ce principe a pu être considéré comme allant de soi, il a soulevé, à notre époque, certaines interrogations quant à son contenu et sa portée.

En 1991, le législateur adopte une loi reconnaissant l'existence du «peuple corse». Saisi de la loi, le Conseil constitutionnel annule alors cette disposition en affirmant que la Constitution ne «connaît que le peuple français composé de tous les citoyens français sans distinction d'origine, de race ou de religion» (décision dite «Statut de la Corse» du 9 mai 1991).

La République sociale

La qualification de «république sociale» paraît renvoyer à deux autres traits distinctifs de notre république, la fraternité et la solidarité […].

La fraternité comme principe républicain c'est, pour chaque membre de la nation, la reconnaissance de l'autre comme différent mais participant à une œuvre commune, c'est-à-dire la volonté de travailler ensemble pour une société plus harmonieuse, plus juste. La fraternité, c'est la concorde entre les membres de la nation, ce sont les moments de rassemblement destinés à marquer cette appartenance, et l'histoire commune du groupe, à travers les célébrations. Cela ne va pas nécessairement de soi car la fraternité républicaine est aussi celle d'une nation dont l'histoire ne se résume pas à celle de la République. La nation, c'est la commémoration de la Révolution et des droits de l'homme (mais qui ne sont pas, au départ, républicains et ne sont pas un monopole de la République), c'est aussi la célébration des 1 500 ans du couronnement de Clovis[1] ou du millénaire capétien[2]. La République, au sens de Péguy[3], récapitule bien toute notre histoire. La fraternité débouche tout naturellement sur la solidarité.

La solidarité nationale est consacrée comme une obligation de la nation […].

L'appel à la solidarité nationale est un trait caractéristique de notre époque parce que l'affaiblissement ou/et le dépassement de la solidarité locale s'ajoute(nt) aux difficultés du groupe familial pour assumer ses fonctions. Le passage à une solidarité élargie est également appelé par une «nationalisation» des problèmes économiques et sociaux et des réponses qui peuvent leur être apportées.

Jean-Marie Pontier,
La République en France, Dalloz, 1998

Les enfants de l'école de la République

On ne traverse pas cent vingt ans de régime démocratique sans en être quelque peu changé. Issus des quatre générations qui ont vécu avec la République, nous en portons l'héritage génétique. On a tous en nous un peu de Jules Ferry [4].

C'est une odeur de craie, un bout de tableau noir, une carte de France. C'est une nostalgie d'instituteurs, un rêve de probité, un désir d'exigence, un besoin de maîtres. C'est l'idée que la naissance ne confère aucun droit ni ne porte aucune pénalité, que l'argent ne doit donner aucun pouvoir, que nous sommes tous égaux sur les bancs de l'école, que tout est dû au mérite et au travail. Si l'ENA est devenue impopulaire, c'est qu'elle passe pour être devenue une caste.

C'est encore l'idée que depuis deux cents ans l'air de *la Marseillaise*, malgré ses paroles barbares, n'a cessé, aux yeux du monde et dans notre cœur, d'associer la France et la liberté. C'est enfin l'idée que le mot « nation » est trop beau pour être jeté aux chiens ou abandonné aux nationalistes.

Dominique Jamet,
Marianne, 14/07/1997

La vision française de la République

« Nulle part ailleurs qu'en France, l'idée républicaine n'a eu un contenu culturel aussi marqué, synthèse de laïcisme, de nationalisme et de positivisme. Lorsque dans le monde, à la faveur de révolutions ou de bouleversements, d'autres États se sont proclamés républicains, c'était dans l'enthousiasme du renversement d'une monarchie ou d'une dictature et non avec l'idée qu'étaient instituées des valeurs sociales qui vaudraient pour l'ensemble de la société. Ce n'est qu'en France qu'a été théorisée une idéologie républicaine.

Nicolas Tenzer, *La République*,
Presses universitaires de France, 1993

(1) Clovis (466-511) : fondateur du premier royaume de France (royaume conquis par les Francs).
(2) Dynastie des rois de France (de 987 à 1328).
(3) Écrivain (1873-1914) dont l'œuvre politique et poétique tente de concilier le socialisme, le patriotisme et le mysticisme.
(4) Important ministre de la Troisième République (de 1870 à 1940). Son nom est attaché à la réforme de l'enseignement public (laïcité, gratuité, caractère obligatoire) ainsi qu'à l'établissement des grandes libertés (de réunion, de presse, syndicales).

5   Définition de l'idée de république en France

a. Lisez le dossier « Une certaine idée française de la République ». Regroupez les informations données autour des quatre mots qui définissent la République dans le débat de la Constitution de 1958.

Caractéristiques de la République française	Informations données dans le dossier	Autres précisions (Histoire, actualité, symboles, etc.)
Indivisibilité	Unité – intégrité du territoire – refus d'une identité culturelle des régions	
Laïcité		
Caractère démocratique		Les élections présidentielles, législatives, etc. au suffrage universel.
Caractère social		Le rôle de l'État dans la lutte contre les inégalités.

b. Dans vos propres connaissances sur la France, recherchez des informations qui peuvent préciser le sens de ces mots. Notez-les dans la deuxième colonne du tableau.

Exemple : indivisibilité → raison historique : la constitution et l'unification progressive du territoire de la France depuis le Moyen Âge et grâce à des régimes très différents (monarchie – république – empire).

c. Rédigez une définition de l'idée de république en France en synthétisant les informations du tableau.

Demander, donner des informations sur le moment et la durée, exprimer l'antériorité, la simultanéité, la postériorité

pour **faire un récit.**

1 Expression de la durée

Complétez en n'utilisant qu'une seule fois les mots de la liste.

Histoire du tailleur de pierres (fable philosophique)

Il était une fois un tailleur de pierres qui, ... matin .... soir, tapait dans le rocher d'une énorme montagne.

Il faisait ce travail .... son plus jeune âge et il en avait assez.

C'était particulièrement dur .... l'été, quand le soleil tapait sur le tailleur de pierres qui tapait sur son rocher.

« Ah ! Si je pouvais être le soleil » disait-il « lui au moins, il ne travaille pas. Il est heureux. »

Or, ... des années que le dieu des tailleurs de pierres entendait ces récriminations. Ce jour-là, il décida d'exaucer notre tailleur de pierres.

.... quelques secondes, il fut transformé en soleil et rayonna.

« .... , je suis le plus heureux ! » s'écria-t-il.

Pourtant, ... quelques minutes, il s'aperçut qu'un gros nuage arrêtait ses rayons. Il se dit qu'au fond, il valait mieux être un nuage et encore une fois son vœu fut exaucé.

.... une heure qu'il s'amusait à couvrir les plages de son ombre et à arroser les passants quand le vent se mit à souffler.

.... quelques secondes il fut dispersé aux quatre coins du ciel. Il voulut donc être le vent et le fut.

« Enfin, la liberté et les grands voyages, s'écria-t-il, ... j'ai survolé Paris, ... deux heures, je serai au-dessus de Lyon, ... ce soir, j'arriverai à Venise ! »

Il voyagea longtemps sans perdre son souffle .... il rencontre une énorme montagne qui l'arrêta net.

Il souhaita donc devenir une montagne et il fut transformé en montagne.

« .... , on ne pourra rien contre moi, je suis le plus puissant ! » pensa-t-il. À cet instant, il sentit une vive douleur à son pied. C'était un tailleur de pierres qui lui tapait dessus comme un forcené.

.... ce moment-là, il comprit qu'il fallait limiter ses ambitions.

- *au bout de...*
- *à partir de...*
- *de (du, de la)... à (au, aux)...*
- *dans...*
- *depuis...*
- *désormais...*
- *d'ici à...*
- *dorénavant...*
- *d'ores et déjà...*
- *en...*
- *en l'espace de...*
- *cela fait (faisait)... que...*
- *il y a (avait)... que...*
- *jusqu'à (ce que)...*
- *pendant...*

2 Expression de l'antériorité, de la postériorité, de la simultanéité

Voici des notes prises par un inspecteur de police lors de l'interrogatoire de Paul Dufour, un patron de discothèque suspecté d'être impliqué dans le cambriolage d'une banque.

Regroupez les informations de chaque ensemble en commençant par l'information en italique et en utilisant les expressions données en marge.

Exemple : *Avant* d'acheter le night-club « Le Marinella », Paul Dufour...
   Auparavant...

1. 1994 : Paul Dufour travaille comme comptable dans une société de transport.
   1996 : Il travaille à la banque Legendre.
   1998 : *Il achète le night-club « Le Marinella ».*

   | *avant de...* |
   | *auparavant...* |

2. 1997 : À la banque Legendre, on découvre des erreurs dans la comptabilité de Paul Dufour.
   Paul Dufour est renvoyé de la banque.
   Il reste six mois sans emploi. Il devient propriétaire du « Marinella ».

   | *après que...* |
   | *par la suite...* |
   | *avant que...* |

3. *Le 10 octobre 1998, jour du cambriolage, Paul Dufour sort de chez lui à 10h.* Dans l'escalier, il rencontre un voisin avec qui il bavarde une dizaine de minutes.

   | *au moment où...* |

4. *Il quitte son domicile.* Il se rend au café Mazurier à quelques pas de chez lui.

   | *aussitôt que...* |

5. Il ne quitte pas le café.
   Son amie Hélène Larivière vient le rejoindre à 10h30.

   | *avant que...* |

6. Ils prennent leur petit déjeuner. Paul Dufour reçoit un coup de téléphone.
   Ils sortent du café à 11h.

   | *avant de...* |
   | *alors que...* |

7. *Ils quittent le café.*
   Ils vont faire une promenade dans le jardin public.

   | *dès que...* |

8. *Le cambriolage a eu lieu à 10h45.*
   Paul Dufour était dans le café.

   | *pendant que...* |

3   Informations sur le moment et la durée

L'inspecteur de police interroge Paul Dufour (voir exercice 2).
Retrouvez ses questions.

I.P. : .... ? P.D. : J'ai travaillé dans la société de transport à partir de 1990.

I.P. : .... ? P.D. : Je suis resté quatre ans dans cette société.

I.P. : .... ? P.D. : Je suis entré à la banque Legendre le 2 février 1996.

I.P. : .... ? P.D. : J'ai été renvoyé au bout d'un an et demi.

I.P. : .... ? P.D. : Pour aller de chez moi au café Mazurier, je n'ai pas mis cinq minutes.

I.P. : .... ? P.D. : Quand mon amie m'a rejoint, il y avait un quart d'heure que j'étais dans le café.

I.P. : .... ? P.D. : Nous sommes restés au café jusqu'à 11 heures.

I.P. : .... ? P.D. : Quand j'ai reçu le coup de fil, Hélène était là depuis un quart d'heure.

I.P. : .... ? P.D. : Le coup de fil ? Je ne sais pas. À peine 2 minutes. Je vous ai dit que c'était un ami qui me confirmait qu'il serait aux courses cet après-midi.

Le théâtre actuel en quête d'auteurs

Bien que beaucoup de jeunes auteurs, encouragés par le ministère de la Culture, écrivent aujourd'hui pour le théâtre, aucun n'a depuis le début des années 70 atteint l'audience que pouvaient avoir un Anouilh, un Sartre ou un Ionesco dans les années qui ont suivi la guerre. Robert Abirached, qui a été directeur du Théâtre et des Spectacles au ministère de la Culture de 1981 à 1988, retrace l'histoire de ce divorce entre le théâtre et la littérature.

[*C'est au tout début des années 50 qu'il faut rechercher d'une part, avec la politique du théâtre populaire, la mise à l'écart des jeunes auteurs, et d'autre part avec « le nouveau théâtre », le premier divorce entre le théâtre et le grand public.*]

Les animateurs du théâtre populaire – on peut garder ce mot pour sa commodité –, tant à Paris qu'en province, n'ont jamais fondé leur action sur une méconnaissance du rôle des auteurs dans le théâtre. Mais leur mission, d'abord pédagogique, était de faire connaître le théâtre à ceux qui en étaient privés, en le déplaçant de l'endroit où il siégeait dans la société, non seulement comme miroir de la bourgeoisie et comme entreprise commerciale, mais comme rituel aux codes intimidants : il ne s'agissait surtout pas de brûler les étapes, mais de diffuser des valeurs sûres pour accrocher l'attention du public, en ne se trompant pas sur la stratégie qu'il y avait à mettre en œuvre pour le séduire.

Rien de semblable, à première vue, dans ce qu'on a tout à tour appelé « théâtre de l'absurde », « nouveau théâtre » et « anti-théâtre » : exclusivement produites par des écrivains, tous édités d'emblée chez Gallimard ou à Minuit, ces dramaturgies se voulaient étroitement liées à la littérature, et c'est en tant que telles qu'elles ont été saisies toutes vives par les traducteurs et les essayistes de tous les pays, dix ans à peine après leur apparition, puisqu'elles ont donné lieu à des centaines de mémoires et de thèses, dans les universités des cinq continents. Mais, si diverses soient-elles, elles ont presque toutes comme moteur la haine du théâtre, tel que la tradition européenne l'a transmis, et elles annoncent sa mort, sur les modes de la dérision ou de l'éloge funèbre.

[*Vers la fin des années 60, de nouvelles pratiques théâtrales apparaissent.*]

Des pratiques nouvelles, illustrées de saison en saison par des spectacles invités au Théâtre des Nations, commencent ainsi à faire leur chemin et à nourrir la réflexion des metteurs en scène français, voire à influer sur leur travail : elles ont toutes en commun de remettre en cause les protocoles de la représentation en usage et, pour quelques-unes d'entre elles, de s'en prendre, comme l'avait fait Artaud avec une violence assassine, aux racines mêmes de la tradition théâtrale de l'Europe. On découvre bientôt après le Living Theatre et ses virulents dynamitages de tous les ordres établis, puis, au Festival de Nancy, le travail austère de Grotowski, si proche des intuitions d'Artaud sur l'athlétisme affectif de l'acteur et sur la nécessité d'un théâtre métaphysique.

Il faudra, cependant, attendre 1968 pour apprécier à leur vraie mesure les conséquences de l'apparition de ces nouveaux modes de théâtralité, qui font violence aux institutions et qui n'éveillent, chez plusieurs comédiens et chez quelques jeunes compagnies, qu'une mode vite retombée de l'improvisation et de la création collective, au nom de la haine du moi-je, comme on disait alors, de l'écrivain et, accessoirement, de l'acteur. Ce qui va marquer plutôt la décennie qui s'ouvre en 1970, c'est, au sortir des rêveries révolutionnaires, le triomphe de la mise en scène et la prise du pouvoir au théâtre par ses jeunes praticiens.

[Le théâtre sera alors dominé par «deux utopies qui l'une et l'autre chassent l'écriture dramatique de la scène». L'une, illustrée par les productions de Robert Wilson, fait du langage scénique (images, mouvements, lumières et sons) le moteur de la création. La seconde, inspirée des travaux de Grotowsky, consacre l'acteur (ou le groupe d'acteurs) comme unique source du spectacle. Privé de texte et d'un sens immédiatement compréhensible, le théâtre devient alors l'affaire d'une élite.]

Ici et là, des querelles naissent et s'aigrissent entre critiques et gens de théâtre, entre écrivains et metteurs en scène, sans épargner les Trissotins[1], mais elles laissent indifférent le public, qui se contente d'abandonner assez largement la fréquentation des salles : c'est à ce moment-là, très exactement, que se produit l'hémorragie dont font état les enquêtes, au milieu de l'indifférence proclamée des plus provocateurs parmi les nouveaux scénocrates.

Extraits de *Le Théâtre et le Prince, 1981-1991*
par Robert Abirached, Plon, 1992

(1) Personnage du théâtre de Molière devenu le symbole de l'intellectuel prétentieux qui a des idées sur tout.

4 Faire l'historique d'un phénomène

a. Lisez le texte ci-contre et répondez aux questions suivantes.
b. Expliquez pourquoi le théâtre français actuel manque de « grands auteurs » en faisant un bref historique de ce phénomène.

Lignes 1 à 10

Quel est le phénomène qui est exposé ? Comment se propose-t-on de l'expliquer ?

Lignes 11 à 32

Quels étaient les buts de la politique du théâtre populaire ?
Comment s'est manifestée concrètement cette politique ?
Quel festival de province fut longtemps représentatif de cette politique ?

Lignes 33 à 49

Citez deux auteurs et deux pièces de théâtre caractéristiques du courant dont il est question ici. En quoi ces pièces sont-elles en contradiction avec la tradition européenne du théâtre ?

Lignes 50 à la fin

Voici des formes et des pratiques théâtrales qui ont marqué les années 70 et 80.
Quelles idées exposées dans le texte illustrent-elles ?
1. Les happenings.
2. Les créations du théâtre du Soleil d'Ariane Mnouchkine (en particulier : *1789*).
3. Le théâtre de Jérôme Savary.
4. La somptueuse mise en scène de *L'Illusion comique* de Corneille
par le metteur en scène Georgio Strehler.
5. Le café-théâtre.
6. Le théâtre de rue (type Royal De Luxe).

LEÇON 8

Dégager des significations, exprimer ce qui est caché ou apparent

pour **mettre en relation les faits et les idées.**

---

1 Les signes

Conversation au Café du Commerce : un pessimiste et un optimiste discutent de la situation de la France.
Reconstituez leur dialogue en reliant les faits de la colonne de gauche aux idées qu'ils suggèrent. Construisez vos phrases comme dans l'exemple en utilisant les mots entre parenthèses.

Exemple : L'augmentation de la consommation de médicaments tranquillisants *est le signe de* l'anxiété des Français.
– Pas du tout. La multiplication des fêtes…

Les faits

• Consommation de médicaments tranquillisants en augmentation *(un signe)* • Multiplication des fêtes *(témoigner)*	→ l'anxiété / l'optimisme des Français
• Augmentation du chômage *(symptomatique)* • Le P.I.B.[1] de la France est le deuxième d'Europe *(significatif)*	→ la bonne / mauvaise santé de l'économie
• L'illettrisme se développe *(signifier)* • Presque 80 % des jeunes obtiennent le baccalauréat *(indiquer)*	→ la baisse / la hausse du niveau d'instruction
• Beaucoup de Français ont un animal domestique *(refléter)* • Les associations se multiplient *(révéler)*	→ la solitude / le plaisir d'être avec les autres
• La multiplication des affaires de corruption *(présager)* • Les Français s'intéressent aux causes humanitaires *(augurer)*	→ la régression / la progression des valeurs morales

---

1. P.I.B. : Produit Intérieur Brut (sommes des richesses créées par an et par habitant)

---

2 Dissimulation et révélation

Complétez la première partie du document avec les verbes (ou leur participe passé) exprimant la dissimulation.
Complétez la deuxième partie avec les verbes exprimant la révélation.

• **Expression de la dissimulation**
se déguiser – se dérober – dissimuler – éclipser – étouffer – garder le secret – jeter un voile sur… – masquer – occulter

• **Expression de la révélation**
découvrir – démasquer – dévoiler – mettre en lumière – percer à jour – révéler

**Pour mieux vous connaître,
mieux connaître les autres, mieux connaître le monde,**

Initiez-vous à la graphologie,
à la morphopsychologie,
à l'astrologie

À L'INSTITUT DES PARA-SCIENCES

• Dans notre société, les hommes avancent ...., comme disait Descartes. Ils savent .... leurs sentiments et leur émotion derrière un visage toujours souriant. Ils .... en costume cravate pour mieux ressembler à Monsieur Tout le monde. Quand on cherche à percer leur intimité, ils .... à nos questions et .... sur leur vraie nature.

Les médias qui sont supposés nous informer participent à cette entreprise de dissimulation.

Ils .... certaines affaires.

Ils .... sur les gaspillages et les erreurs de ceux qui nous dirigent.

Ils .... les véritables préoccupations des citoyens.

Et les agitations des stars .... les vrais problèmes du monde.

• Avec la graphologie et la morphopsychologie, vous .... la véritable personnalité de vos collègues et de vos collaborateurs.

Vous .... leurs qualités. Vous .... leurs défauts.

Vous .... les imposteurs et les mystificateurs.

Quant à l'astrologie, elle vous .... les secrets qu'on ne veut pas que vous découvriez.

Elle vous .... les mystères du passé et de l'avenir.

---

3 | **Entre les faits et les idées**

**a. Construisez trois phrases avec les expressions en italique
pour exprimer les idées que suggère le fait suivant.**

> Au dernier étage de mon immeuble à Paris, il y a une famille d'immigrés qui élèvent une chèvre. Ils font de l'excellent fromage. De temps en temps, je monte leur en acheter et nous bavardons un moment.
> (Propos d'un écrivain, recueillis dans *Le Figaro*).

→ *poser le problème de…*
→ *susciter des réflexions à propos de… (quant à…)*
→ *remettre en question*

**b. Construisez trois phrases pour mettre en relation le phénomène
suivant avec d'autres phénomènes passés ou présents.**

> L'intérêt des jeunes pour les « raves » s'explique par le besoin de transgresser les interdits, le goût des grands rassemblements, le retour du plaisir comme valeur essentielle.

→ *correspondre à…*
→ *rapprocher de…*
→ *se rattacher à…*

**c. Construisez trois phrases pour exprimer comment se manifeste
aujourd'hui l'idée suivante.**

> Dans les années soixante-dix, un philosophe atypique, Guy Debord, avait développé l'idée que notre société était devenue « une société du spectacle ». C'est certainement très vrai encore aujourd'hui.

→ *se manifester par (dans)*
→ *se matérialiser par (dans)*
→ *être illustré par*

COUPE DU MONDE DE FOOTBALL 1998

Triomphe de la fête

*En juillet 1998, l'équipe de France de football, contre toute attente
et pour la première fois dans l'Histoire, remporta la Coupe du monde
qui se déroulait dans son propre pays. L'écrivain Jean d'Ormesson
analyse l'effet que cette victoire a produit sur les Français.*

On aurait tort de se moquer ou de lever les yeux au ciel : le football est désormais plus important que la politique. Il est devenu un élément constitutif – et le seul peut-être – d'un pacte social en charpie. Il fait mieux qu'une guerre – et il tue moins de monde. Il ressuscite le patriotisme, il incarne l'intégration, il chasse la morosité qu'intellectuels et bureaucrates ont été incapables de combattre, il rend au peuple désabusé par les politiciens l'enthousiasme et l'espérance. Il a fallu le Mondial pour retrouver l'atmosphère de la Libération.

Pour différents qu'ils soient, l'un dans la tristesse, l'autre dans la joie, le phénomène du Mondial est du même ordre que le culte rendu à la mémoire de Diana. Dans un cas comme dans l'autre, les médias se sont emparés d'un évènement qui aurait pu passer quasi inaperçu pour l'élever tout à coup à la hauteur d'un mythe. Sans télévision, la mort de la princesse Diana relève d'une mention dans l'almanach de Gotha[(1)] et le football est un jeu qui consiste à envoyer un ballon entre deux poteaux sans le toucher de la main. Avec la télévision, Lady Di devient une légende à la façon d'Antigone ou d'Iseult et la Coupe du monde se transforme en saint Graal. [...]

Si le parallèle s'impose entre le Mondial et la mort de lady Di, il y a aussi un anniversaire auquel il est impossible d'échapper : exactement trente ans après le printemps 68, voilà l'été 98. On voit bien ce qu'il y a de commun : l'espérance d'autre chose, d'un autre monde, d'une autre vie, le besoin de s'éclater et de sortir de soi. On voit surtout les différences : le drapeau rouge rangé, le drapeau noir oublié, c'est le retour en fanfare du drapeau tricolore. Mai 68, en gros, était plutôt contre ; juillet 98 est franchement pour. C'est une adhésion après une rupture. Quelle aubaine pour les pouvoirs, toutes tendances confondues, y compris l'opposition ! C'est à qui, dans les hautes sphères, arborera le maillot bleu, c'est à qui en rajoutera dans l'enthousiasme et la passion. On a échappé d'un poil à un président et à un premier ministre qui se seraient teint le visage aux couleurs bleu, blanc, rouge. [...]

L'intéressant, et voilà encore une leçon pour les politiques, c'est que la mondialisation du phénomène fait excellent ménage avec le chauvinisme. Nous avons déjà vu, dans notre époque stupéfiante, les Chinois proclamer que le communisme constitue un cadre idéal pour l'économie de marché. Le football, qui ne veut pas être en reste, et qui n'en est pas à un miracle près, fait accéder le nationalisme au stade de l'International. Supporters, hooligans, tapez-vous donc dessus ! Mais fanatiques de tous les pays, unissez-vous ! Héritier d'Aristote, de Hegel, de Nietzsche et de Marx, dernier avatar de la philosophie, le football fait la synthèse du nationalisme intégral et de la mondialisation.

La leçon du Mondial – comme la mort de lady Di – c'est que n'importe quoi peut devenir historique. N'importe quoi ? C'est vite dit : la mayonnaise médias-évènement-explosion ne prend pas à chaque coup. Mieux vaut s'exprimer autrement : il est devenu impossible de savoir d'avance ce qui va embraser la planète. Le monde n'est pas seulement d'une complexité inédite : il est aussi devenu rigoureusement imprévisible. On a le sentiment, inquiétant et grisant, que l'Histoire, désormais, s'écrit en marge de l'Histoire et qu'elle se fait toute seule, à l'écart des pouvoirs. Plus importantes que le Mondial, la chute du mur de Berlin et l'implosion du communisme avaient déjà donné l'impression d'une sorte de marche biologique et souterraine d'une Histoire qui échappait à toute prévision et à toute analyse rationnelle. La Coupe du monde de football confirme, dans l'accessoire et dans l'anecdotique, dans le triomphe de la fête et du jeu, ce sentiment de prolifération marginale et irrésistible.

Jean d'Ormesson,
Le Figaro, 13/07/1998

---

(1) Ouvrage qui recensait les familles aristocratiques et les événements marquants dans la vie de ces familles.

Compréhension du vocabulaire du texte

Trouvez les mots ou expressions dont voici la signification.

Paragraphe 1 : signe qui marque à la fois l'impuissance, l'incompréhension et le mépris face à un événement inattendu – déchiré, en morceaux – déçu

Paragraphe 2 : qui peut être considéré de la même manière – saisir – presque

Paragraphe 3 : faire la fête, rechercher du plaisir – une bonne affaire – les dirigeants et les célébrités – porter avec fierté – faire plus que le nécessaire – de peu

Paragraphe 4 : vouloir faire au moins aussi bien que les autres – un miracle de plus ne l'embarrasse pas – métamorphose

Paragraphe 5 : le mélange… ne donne pas toujours de bons résultats – mettre le feu (emploi figuré pour « soulever, bouleverser ») – excitant

Effets et significations de la victoire au Mondial

Au fur et à mesure de votre lecture du texte, complétez le tableau.

Événements et domaines que l'auteur met en relation avec le phénomène «Coupe du monde»	Effets et significations que l'auteur tire de ces rapprochements (donnez une brève explication quand c'est nécessaire)
La politique La guerre	→ symbole d'unité sociale (toutes les couches de la société participent du même enthousiasme) → fait renaître le sentiment patriotique → facteur d'intégration (l'équipe de France, à l'image du pays, est pluri-ethnique)

Connaissances culturelles : le sport en France

a. Le sport au quotidien.

• *Le sport à l'école.* Quelle est son importance dans l'emploi du temps scolaire ? Comment est-il considéré en comparaison des autres matières scolaires ?

• *La pratique régulière du sport.* Les Français sont-ils nombreux à faire du sport ? Quelle est l'évolution actuelle ? Quels sont les sports les plus pratiqués ? Qu'est-ce qui motive les Français à faire du sport ?

b. Le sport de compétition et le sport spectacle.

• Quelles sont les manifestations sportives qui passionnent le plus les Français : tout au long de l'année ? en juillet ? début janvier ? au printemps ?

• Quelle idée les Français se font-ils de la place qu'ils tiennent dans les compétitions internationales ? Nuancez et expliquez votre réponse.

LEÇON 9

Mettre en relation les parties d'un ensemble, employer de façon figurée le vocabulaire de la mécanique et de l'espace *pour* **décrire une organisation.**

1 Les parties d'un ensemble

a. Complétez avec les verbes de la liste en n'utilisant qu'une fois chaque mot.

La diffusion du français à l'étranger.

La diffusion de la langue française .... de la politique culturelle de la France.

Les acteurs de cette diffusion .... quatre groupes.

1. Tout d'abord, *des acteurs privés religieux.* Les missionnaires qui, au XIXᵉ siècle, ont fondé un peu partout dans le monde des écoles françaises .... des pionniers de la francophonie. Ces écoles .... encore aujourd'hui un vecteur important de la diffusion du français.

2. L'ensemble *des établissements privés laïques.* Il .... les Alliances françaises et les écoles de la Mission laïque. Les centres d'examen de la Chambre de commerce de Paris .... aussi à cette catégorie. L'Alliance française .... plus de mille centres locaux.

3. *Le groupe des organisations francophones* qui .... l'ACCT (Agence de coopération culturelle et technique), l'AUPELF (association d'universités francophones) ainsi que d'autres organisations.

4. *L'État français.* Son action .... différents aspects : l'enseignement (dans les centres culturels et les lycées franco-étrangers), la formation des professeurs et la diffusion des produits culturels.

> • **Pour inclure une partie dans un ensemble**
> *appartenir*
> *constituer*
> *être une composante (un élément) de...*
> *faire partie de...*
> *former*
>
> • **Pour décomposer un ensemble en parties**
> *comprendre*
> *compter*
> *comporter*
> *englober*

b. Quel mot utiliseriez-vous pour décomposer les choses suivantes en éléments ?

Exemple : les services d'une administration.

1. une administration
2. une association
3. un dossier
4. un exposé
5. une intrigue romanesque
6. la pensée de Jean-Paul Sartre
7. un livre
8. la politique sociale
9. un problème
10. une profession
11. un stage
12. une ville

> *une branche*
> *un chapitre*
> *une composante*
> *un dossier*
> *un élément*
> *un membre*
> *un module*
> *un moment*
> *une partie*
> *une pièce*
> *un quartier*
> *un service*

2 Emploi imagé du vocabulaire de la mécanique

Reformulez les mots en italique en utilisant les mots ou expressions du tableau.

> • un dégraissage – les rouages
> • être le moteur de… – être la courroie de transmission (entre… et…) – être aux leviers de commande…
> • faire machine arrière – tourner à plein régime – entrer dans un engrenage
> • la mécanique se détraque – les clignotants sont au rouge

Michel travaille dans l'entreprise ALFA depuis vingt ans. Il connaît bien *son organisation et son fonctionnement*.

Pendant dix ans, il *a fait la liaison* entre la maison mère et ses filiales.

Aujourd'hui, il *dirige* l'une de ces filiales.

Jusqu'à une date récente l'entreprise *faisait de gros profits*.

La baisse du prix des matières premières *avait stimulé* son développement.

Mais *l'entreprise a commencé à avoir des problèmes* quand ces prix ont augmenté.

Aujourd'hui, *tous les indices économiques sont inquiétants*.

L'entreprise *a dû faire emprunt sur emprunt aux banques*.

Elle avait des projets d'expansion. Elle a dû *y renoncer*.

Elle envisage *de licencier du personnel*.

3 Emploi figuré du vocabulaire de l'espace

a. *Le centre et les bords*. Reformulez les expressions en italique en utilisant des mots exprimant l'importance (essentiel, principal, etc.) ou le caractère secondaire (accessoire, négligeable, etc.).

Exemple : Le chômage est la *préoccupation principale* du gouvernement.

• Le chômage est *au centre des* préoccupations du gouvernement. C'est sur ce problème qu'il *concentre tous ses efforts*. Le ministre du Travail a *tracé les contours* de sa nouvelle politique.

• Pour des raisons économiques, cette entreprise de construction automobile a dû abandonner certaines activités *marginales* comme la compétition sportive et *se recentrer* sur son activité principale.

• *En marge* de la semaine du livre, la troupe de théâtre « Les Baladins » a présenté un spectacle poétique.

• Le député M.D. *a été marginalisé* par son parti. Il ne représente plus qu'*une frange* minoritaire de ce parti. On lui reproche par ailleurs d'être un peu mégalomane *sur les bords* et de *se prendre pour le centre du monde*.

b. *Figures géométriques*. Remplacez les mots en italique par ceux de la liste.

> *un angle*
> *un cercle*
> *une ligne*
> *un point*
> *une spirale*

• Un grand économiste était invité par *un petit groupe* de chefs d'entreprise.

• Il a traité différents *sujets* qu'il a abordés *de façon* humoristique.

• Il a notamment parlé de *l'augmentation* de l'inflation et a approuvé la politique *suivie* par le gouvernement.

L'Europe des régions

Le conflit au sein de l'Union européenne entre les tenants de l'État centralisé et ceux de l'État fédéral est étonnamment illustré par l'opposition franco-allemande. Notre pouvoir centralisateur, organisé du haut vers le bas, face à l'approche germanique, du bas vers le haut, du Land vers le gouvernement fédéral.

« *Aujourd'hui, toute l'Europe est prise entre ces deux feux* », explique l'Allemand Dietrich Pause, secrétaire général du Comité des Régions à Bruxelles. Ce francophile en connaît un rayon sur notre organisation administrative, après un an à l'ENA et plusieurs mois à la préfecture de Basse-Normandie.

Il s'agit toujours d'organiser l'ensemble (pays ou nation) et les parties (régions ou Laender). La France choisit « *une approche centralisée* », l'Allemagne adopte le « *principe de subsidiarité* », d'autonomie des Laender.

Certes la France décentralise, mais sans donner aux régions des compétences législatives et de réelles ressources financières, « *qui sont au cœur d'un système fédéral* ». La Bavière dispose d'un budget de 350 milliards de francs, alors que celui du Languedoc-Roussillon atteint à peine les 3 milliards.

Un Allemand trouve la loi des 35 heures[1] incompréhensible, voire absurde : comment combattre le chômage si les décisions devant déclencher la créativité se prennent au plan national ? Fier de sa région, l'Allemand pense que « *le fédéralisme est plus créatif* ». Absurde aussi que l'Alsace, pour lancer une opération conjointe avec sa voisine le Bade Würtemberg, doive passer par Paris.

Selon un récent sondage d'Eurostat sur le « régionalisme », 77 % des Européens pensent que les régions doivent assumer un rôle plus important en Europe. Et ce sont les pays les plus centralisés qui offrent les scores les plus élevés : 93 % en Grèce, 87 % en France, 86 % au Portugal et 83 % en Espagne. « *Le régionalisme a aujourd'hui le vent en poupe : il a un message à transmettre dans une société tellement complexe, confrontée à la mondialisation…* »

Ce qui rapproche les Européens, c'est une angoisse : chacun veut s'enraciner là où il vit pour préserver sa propre identité. Dietrich Pause le ressent fortement dans les Laender du sud, mais aussi dans les autres États membres.

La montée du régionalisme correspond au « *désir de garder son identité et de participer à une entreprise commune : la construction européenne, qui sera leur destin commun.* » Il ne voit pas d'alternative !

Dietrich Pause a une opinion très différente des Britanniques pour qui « *le terme "fédéralisme" est un gros mot ; ils y voient de suite la sécession des États-Unis ; mais reconnaissons que leur centralisme n'a jamais su calmer les esprits en Écosse ou en Ulster* ». Pourtant les choses semblent changer avec le processus de « dévolution » des pouvoirs de Tony Blair qui veut accorder une certaine autonomie à l'Écosse et au Pays de Galles. Mais Dietrich Pause ne pense pas que cela ira aussi loin qu'en Italie ou en Espagne.

En Espagne, la régionalisation a surtout eu un « *caractère politique* » par réaction au centralisme de l'ère franquiste.

En Italie, où persiste l'éternelle opposition nord-sud, Romano Prodi croit au régionalisme : « *Il a la volonté d'émanciper et de responsabiliser les régions* ». Pour éviter que Rome ne se retrouve sans cesse dans le collimateur, le gouvernement Prodi a ouvert un grand chantier de réforme institutionnelle.

La Suède rode son projet de création de six régions. Certes, les collectivités locales y sont très puissantes. « *Mais leur taille est insuffisante pour dialoguer avec Bruxelles.* » Ainsi, la Suède et la très centralisée Irlande se convertissent au régionalisme « *pour des raisons d'efficacité économique et de dialogue avec Bruxelles* ».

Vu de Bruxelles, il est clair que les gens souhaitent avoir leur mot à dire dans la construction européenne : « *Si on veut approfondir l'Europe, il faut engager le dialogue avec les citoyens.* » Nous avons l'Europe des États et de l'économie, mais « *pas celle de l'identité, ni de la culture ; la diversité de l'Europe, c'est le régionalisme et la culture en est le cœur* ».

Les États-membres n'échapperont pas à la régionalisation et à la fédéralisation : « *La complexité du monde moderne exclut par définition un centralisme version XIXᵉ siècle.* »

Gérard Rousset,
Midi Libre, 13 mars 1998

(1) Loi de réduction de la durée du travail votée en 1998. Cette réduction sera négociée dans chaque entreprise.

---

4   Compréhension du vocabulaire du texte

Faites une première lecture du texte en vous aidant des définitions suivantes pour la compréhension des mots difficiles (les chiffres ren-

voient aux numéros des paragraphes) : (1) ceux qui sont favorables à... –
(2) être soumis à deux pressions politiques opposées ; bien connaître son
sujet – (3) terme politique signifiant « limitation des pouvoirs de l'Union
européenne pour les États ou des États sur les régions » – (6) être fortement
soutenu (par l'opinion) – (7) conserver ses racines (culturelles) – (9) un mot
vulgaire ou tabou – (11) au sens propre : donner à un adolescent les droits
d'un adulte ; être la cible de... – (12) mettre au point par des essais.

5 Fiche de lecture du texte

**En suivant ce plan, notez les principales informations apportées par
l'article :** 1) Origine, forme et buts de l'article. 2) Différences de conception
de l'État entre l'Allemagne et la France. Raisons des préférences de l'Allemagne. 3) Opinion des Européens. Explications. 4) Conception des rôles
respectifs de l'État et des régions selon les pays d'Europe. Raisons et justifications de cette conception. 5) Conclusions.

6 Connaissances culturelles : l'État et les régions en France

Complétez le texte suivant avec les mots qui conviennent.

L'organisation du territoire français.

La plus petite subdivision administrative du territoire français est
.... qui a à sa tête .... élu.
À l'échelon supérieur, il y a .... qui est représenté par un
.... élu.
Ensuite, il y a .... La France en compte 96. Ils sont administrés par .... nommé par l'État. En 1982, ils ont été regroupés
en 21 .... qu'il ne faut pas confondre avec les ....
d'avant 1789 bien que quelquefois elles portent le même nom.
La division du territoire qu'un Français se représente le mieux est ....
.... Celui-ci porte un numéro qu'on retrouve sur ....

Pouvoirs, État et régions.
Jusqu'à une époque récente, les pouvoirs en France étaient très
.... Presque toutes les décisions étaient prises dans les ministères parisiens. L'origine de cette conception de l'État remonte à
.... Le territoire français s'est constitué grâce à la volonté des
.... qui ont .... des territoires. Cette conception
de l'État a perduré après la Révolution. Les régimes successifs l'ont justifiée
par la nécessité de réaliser ....
Il a fallu attendre 1982 et les lois de .... pour que les régions
aient un budget propre et un pouvoir de décision.
Le poids de l'État se manifeste par le nombre important de ....
qui travaillent pour lui. Ceux-ci représentent environ .... %
des personnes qui travaillent en France. Les grands secteurs d'activités
gérés directement par l'État sont ....

LEÇON 10

Enchaîner des arguments convergents ou divergents (opposition, concession, restriction)

pour **construire des raisonnements et des argumentations.**

1 Expression de l'opposition

Reformulez deux fois les groupes de deux phrases suivants.

a. Mettez en valeur l'opposition entre les deux phrases en utilisant la première expression entre crochets.

b. Combinez les deux phrases en utilisant la deuxième expression entre crochets.

Exemple : D'un côté, j'approuve le contrôle de l'immigration…
        Autant j'approuve…, autant…

Propos sur l'immigration

• « J'approuve le contrôle de l'immigration. Je ne suis pas d'accord avec ceux qui veulent renvoyer les immigrés dans leur pays.
[*D'un côté… De l'autre*] – [*Autant… autant*]

• N'exagérons rien… Quelques extrémistes adoptent une attitude brutale. La plupart des Français sont beaucoup plus mesurés. [*À côté de…*] – [*Là où…*]

• Ceux qui sont en situation régulière sont protégés. Les clandestins peuvent être victimes de tous les abus. [*Inversement*] – [*Si… (en revanche)…*]

• Il ne faudrait pas se polariser sur les clandestins. Il vaudrait mieux contrôler ceux qui les exploitent. [*En revanche…*] – [*Au lieu de…*]

• Ceux qui peuvent justifier leur volonté d'intégration doivent être régularisés. Les autres doivent être refoulés. » [*Pour ce qui est de…*] – [*Tandis que…*]

2 La phrase avec proposition de concession

Combinez deux fois chaque groupe de deux phrases en employant les expressions entre crochets.

Exemple : Bien que je fasse des efforts… Malgré mes efforts (les efforts que je fais…).

Propos d'immigrés

• « Je fais des efforts. J'ai des difficultés à m'intégrer. [*Bien que…*] – [*Malgré…*]

• Il y a des structures d'accueil. Elles restent inefficaces. [*Bien que…*] – [*Malgré tout…*].

• Je prends des cours de français. Je ne parle pas parfaitement.
[*Bien que…*] – [*Mais… quand même*].

• Je pourrais parler correctement français. J'aurais un accent.
[*Quand bien même…*] – [*Même si…*]

• L'école est un facteur d'inégalité. Elle a la volonté d'intégrer. [*Quoique…*] – (*En dépit de…*)

3 Raisonnements

Complétez les raisonnements suivants. Marquez l'opposition, la concession, la restriction ou la conséquence avec les expressions de la liste.

Europe des régions

L'Europe veut dynamiser les régions.

........................, la France est un pays très centralisé.

........................, la régionalisation y est récente.

........................, il faut que les Français s'habituent à l'idée de région.

De plus
En conséquence
Or

Il n'y a plus de saisons

Nous sommes en janvier et il fait bon.

........................, il y a eu un petit coup de froid en novembre.

.... cela n'a pas duré.

.... le climat se réchauffe.

J'en conclus que…
Certes
Il n'en reste pas moins que…

Intégration

Vous me dites que les immigrés ont des difficultés à s'intégrer.

Il y a .... des Asiatiques qui s'adaptent bien.

........................, ils ne connaissent pas le chômage.

.... c'est une communauté qui ne pose pas de problème.

Intégration et emploi sont .... très liés.

Certes
Quand même
Donc
Il n'empêche que…

4 Expressions de mise en valeur avec nuance d'opposition

Complétez le dialogue avec les expressions de la liste.

Jean espérait avoir le poste de directeur de la rédaction du journal *La Gazette*.

JEAN : Je n'y comprends rien. C'est Larivière qui a eu le poste. Est-ce qu'il a été pistonné ? .... c'est lui que Durrieu a choisi.

MARIE : .... tu n'avais aucune chance. Durrieu n'avait pas apprécié ton article sur Marseille.

JEAN : .... qu'il m'avait plusieurs fois félicité. Il me disait que j'étais fait pour animer une équipe. Larivière, lui, manque totalement de charisme.

MARIE : .... il ne manque pas d'humour. Qu'est-ce qu'on a pu rire quand il nous a invités chez lui !

JEAN : .... avoir de l'humour, il manque d'autorité.

MARIE : .... c'est lui qui te commandera maintenant.

- *il a beau*
- *de toutes façons*
- *en tout cas*
- *il n'empêche que…*
- *quoi qu'il en soit*
- *toujours est-il que…*

Les limites d'une politique culturelle

À la fin de l'an 1993, notre gouvernement, dans un élan patriotique, opposa « l'exception culturelle » à la prétention américaine d'appliquer aux productions audiovisuelles le régime de la liberté commerciale. Ralliant à sa thèse une partie des gouvernements européens, la France obtint satisfaction : les Américains acceptèrent, à titre provisoire, le maintien de mesures de protection, dont les fameux quotas[1] censés protéger ce qui reste du cinéma européen, ainsi que la chanson française. Toute mesure de protection a pour inconvénient que, se sentant protégé, on s'endort. Si elles rassurent un moment, les lignes Maginot[2] sont destinées à être tournées, comme on l'a vu en 1940. Mais, en vérité, c'est moins du dehors que du dedans qu'elles sont détruites – du dedans, c'est-à-dire par l'insouciance d'une nation intoxiquée par une caste qui lui fit croire qu'elle était toujours la plus forte et la plus cultivée. « Création », « créateurs », ce sont des mots comme « grandeur », des mots qui font plaisir mais qui ne font pas agir. Les arguments français étaient valables, dans la mesure où ils défendaient un principe : les biens culturels ne sont pas assimilables aux biens matériels, et une réalité : sans l'aide financière des États européens, principalement de la France, le cinéma européen aura disparu dans les cinq ans qui viennent. Mais la culture ne se réduit pas à l'image mobile, et, qu'il s'agisse de l'audiovisuel, du livre ou de la chanson, ce ne sont pas les milliards qui manquent, c'est l'inspiration.

On ne se fabrique pas une « personnalité culturelle » avec des lois. Il incombe à l'État de légiférer – et plus encore de faire respecter les lois – pour tout ce qui concerne les bases matérielles de la culture, les conditions de sa circulation, la défense de son patrimoine. Aussi, en vertu du principe de la non-identification des biens culturels aux biens matériels, il faut défendre le prix plancher du livre contre les réductions des supermarchés. Mais l'essentiel est ailleurs. [...] La question est de savoir si la caravane passera, si elle aura le courage de passer. Mais, plus que le courage, le désir. La culture est une affaire d'État, en France, depuis des siècles. Mais, dès lors qu'elle compte sur l'État pour survivre, elle se condamne. Opposer les fonctionnaires de la culture aux industriels de la culture serait la pire des solutions. La culture ne peut être vraiment soutenue que par un peuple, qu'on appelle public. Sans son désir, sans son plaisir, on n'arrivera à rien – le désir et le plaisir de se sentir d'accord avec ses mythes, ses paysages et sa langue, de participer de la même histoire, de rêver et souffrir ensemble : ce que Pierre Nora[3] a justement nommé « le roman national », ce roman qui est en train de s'interrompre et de se figer dans des « lieux de mémoire » qui retiennent les touristes et servent aux instituteurs à illustrer les cours d'histoire. Les lois ne changent rien en ce domaine. Nos radios continuent de brailler[4] des chansons américaines auxquelles on ne comprend rien, nos télés à diffuser des programmes américains ou copiés de l'américain, et nos romanciers d'avant-garde à rivaliser dans le lugubre et l'insignifiant.

Jean-Marie Domenach,
Le Crépuscule de la culture française,
© Librairie Plon, 1995.

1. La politique d'exception culturelle inclut une aide à la création et à la distribution des œuvres françaises. Elle impose à la télévision de diffuser un quota de 60 % de films européens dont 40 % de films français.
2. Ligne de fortification construite dans l'est de la France avant la guerre de 1939-1945 et destinée à empêcher une invasion allemande.
3. Historien qui définit l'identité française comme un ensemble de mythes, de rites, de souvenirs (les « lieux de mémoire ») et comme une histoire commune (le « roman national »).
4. Chanter fort et de façon désagréable.

---

5 **Compréhension du vocabulaire du texte**

a. *Premier paragraphe.* **Quel sens l'auteur donne-t-il aux expressions ou mots suivants ?** la culture – l'exception culturelle – les biens culturels / les biens matériels.

• **Reformulez les phrases suivantes sans employer les mots en italique.**
La politique des quotas *est censée* protéger le cinéma européen. – La culture *ne se réduit pas* à l'image mobile.

b. *Deuxième paragraphe.* **Quel sens l'auteur donne-t-il aux expressions ou mots suivants :** une personnalité culturelle – les bases matérielles de la culture – les fonctionnaires de la culture / les industriels de la culture.

• **Reformulez les phrases suivantes sans employer les mots en italique.**
Il *incombe* à l'État de *légiférer*. – Il faut défendre le prix *plancher* du livre. – La question est de savoir *si la caravane passera*. – « Le roman national » est en train de *se figer* dans des « lieux de mémoire ». – Nos romanciers d'avant-garde *rivalisent dans le lugubre*.

6 L'argumentation de J.-M. Domenach

a. Notez dans un tableau les différentes idées exposées par l'auteur.

Arguments en faveur d'une politique culturelle	Réserves et remarques à l'égard de l'efficacité d'une politique culturelle
• Pour la France, les biens culturels ne doivent pas être soumis aux lois du libre-échange commercial	• La protection n'est pas un facteur de dynamisme
....	....

b. Résumez le texte de J.-M. Domenach en suivant son déroulement et en utilisant les éléments suivants.

• *Premier paragraphe.* Au nom de l'exception culturelle, la France refuse de soumettre les biens culturels aux lois du libre-échange et impose des quotas. Or,... Certes,... Toutefois,...

• *Deuxième paragraphe.* Ce ne sont pas les lois qui suscitent une production culturelle riche et originale. Néanmoins,... Il n'en reste pas moins que... Certes,... Pourtant,...

7 Connaissances culturelles : productions culturelles et politique culturelle

a. Quel jugement Jean-Marie Domenach porte-t-il sur le cinéma, la chanson et la littérature française d'aujourd'hui ? Donnez votre avis sur ce jugement. Connaissez-vous des œuvres récentes (films, chansons, romans) qui permettraient de le réfuter ? Dites pourquoi.

b. Le ministère de la Culture qui fut créé par le président de Gaulle a été marqué par deux grandes personnalités. Lesquelles ? Citez une réalisation importante de chacun de ces ministres.

c. Pour chacun des domaines suivants, citez une réalisation due à l'initiative ou à l'aide de l'État depuis 1980 :

bibliothèques – musées – théâtre – sculpture – chansons.

LEÇON 11

Utiliser des euphémismes et différentes formes d'atténuation (négation, interrogation, conditionnel, etc.)

pour nuancer, modérer des opinions et des critiques.

---

1 | Modérer une déclaration par le choix des mots

Transformez les témoignages suivants en nouvelles brèves de presse comme dans l'exemple. Supprimez les expressions trop familières en employant les mots de la liste.

Exemple : 1. Une vive altercation a eu lieu entre deux automobilistes à propos d'une place de parking. L'un des automobilistes a agressé l'autre...

> • *un automobiliste*
> • *une altercation*
> • *une agression (agresser)*
> • *un fonctionnaire de police*
> • *intervenir.*

1. « Figurez-vous que je venais de trouver une place pour garer ma voiture quand une autre voiture est arrivée. L'imbécile qui la conduisait s'est mis à m'insulter en me disant qu'il avait vu la place avant moi. Comme je lui répliquais, il m'a donné un coup de poing. Heureusement, un flic est arrivé et il nous a séparés. »

> • *solliciter*
> • *les pouvoirs publics*
> • *avoir d'autres priorités*
> • *patienter*

2. « J'avais réclamé une subvention pour l'association « Musique en ville » dont je suis président. Mais apparemment, le maire, le conseil général et le conseil régional se fichent de la musique. On m'a dit que je devais attendre l'année prochaine. »

> • *congédier (remercier)*
> • *une entreprise*
> • *un agent de renseignement*
> • *mettre en examen*

3. « Vous savez que Louis Dupin a été mis à la porte de sa boîte : la SGDG qui fabrique des logiciels pour la Défense nationale. On l'accuse d'être un espion au service d'un pays étranger. Il va être interrogé par la justice. »

> • *sans ressources*
> • *s'enrichir*
> • *perdre du poids*
> • *l'embonpoint*
> • *incarcérer*

4. « Il y a un an, Jean Rémi était complètement fauché. En six mois, il s'en était mis plein les poches. Son truc : vendre à prix d'or des produits miracle pour faire maigrir les gros. Il a été mis en prison. »

---

2 | Atténuer la force d'une opinion

Modérez la force des opinions suivantes en employant un euphémisme (E) ou la négation du contraire (N). Dans les deux cas, vous pouvez employer des adverbes de modération (un peu, légèrement, assez, plutôt) ou de renforcement (très, beaucoup, etc.).

Exemple : Cet immeuble est laid → (E) Cet immeuble est assez *inesthétique*.
→ (N) Cet immeuble *n'est pas très beau*.

Jugements sur un film

Ce film est nul ! (N)

D'abord, il est interminable. (E)

Ensuite, on ne comprend rien à ce que disent les acteurs. (N)

Dans ce film, Michel Brun est inexistant. (E)

Jugements sur une personne

François n'est pas fait pour vivre avec Florence. (E)

C'est un coureur de jupons. (N)

Il est bête. (E)

En société, il se comporte comme un rustre. (E)

Jugements sur un lieu

L'appartement à louer que j'ai visité est sale. (N)

Il est assez sombre. (N)

Il est situé dans un quartier pauvre. (E)

Le plafond est complètement délabré. (E)

3 Formes de l'atténuation dans les lettres et les rapports

Reformulez les phrases suivantes en utilisant les formes d'atténuation indiquées entre parenthèses.
– **le conditionnel modérateur (C) :** Il faut → Il faudrait (Il conviendrait)
– **la présentation du fait comme probable, possible… (P) :** Il est probable que…
– **l'interrogation (I) :** Ne serait-ce pas…
– **l'effacement des acteurs grâce à la forme passive (EF) :** Des erreurs ont été commises.

a. *Lettre d'un maire aux habitants de sa ville qui n'observent pas les règles en matière de tri des ordures ménagères.* **Rédigez les phrases à partir des instructions que le maire donne à son secrétaire.**

« Vous allez faire une lettre aux habitants. Vous leur direz :

1. Les habitants de cette ville n'effectuent pas régulièrement le tri des ordures ménagères (EF).

2. Nos concitoyens ne voient pas l'intérêt des mesures que nous avons prises (P).

3. C'est aussi parce qu'il est difficile de prendre de nouvelles habitudes (I).

4. Mais nos concitoyens doivent observer la loi de protection de l'environnement (EF - C).

5. Il faut donc que chacun suive les instructions données dans la brochure (EF - C) »

b. *Rapport du directeur d'un chantier de fouilles archéologiques.* **Rédigez les phrases à partir des propos du directeur. En plus des formes indiquées, utilisez des euphémismes (E).**

1. Le chantier de fouilles du site de la Gardonenque s'est déroulé dans des conditions exécrables (E).

2. La mairie nous avait attribué un logement vétuste. L'agent d'entretien ne faisait pas le ménage. On nous servait de la nourriture en quantité insuffisante. (EF)

3. Les jeunes que vous aviez recrutés n'ont pas fait le travail prévu de manière sérieuse. (EF)

4. Tout cela pàrce que le recrutement a été fait n'importe comment. (I) (E)

5. Je souhaite que l'année prochaine ce soit le directeur du chantier qui fasse la sélection. (C - EF)

Dans Paris, à vélo, on agace les autos

*Certes, les cyclistes ont gagné 50 kilomètres de pistes dans la capitale.
Mais le lobby automobiliste ne désarme pas. Certains maires et le préfet se font tirer l'oreille.
Entretien avec un vélomaniaque (propos recueillis par Guillaume Malaurie).*

Laurent Lopez est président du Mouvement de défense de la bicyclette et membre de la commission extramunicipale consacrée au vélo, créée en 1995 par le maire de Paris, Jean Tiberi.

L'EXPRESS : **50 kilomètres de pistes cyclables sont aujourd'hui ouverts à Paris. Cela suffit-il à casser le monopole absolu de l'automobile ?**
LAURENT LOPEZ : En tout cas, on est vraiment sortis du sinistre sketch des «couloirs de la mort», dits «de courtoisie», lancés en 1980. Les nouvelles pistes ont été conquises sur les files de stationnement ou de circulation des voitures. Pour la première fois, le dogme sacro-saint du tout-automobile recule. Nous demandons d'ailleurs une réforme du Code de la route avec des aménagements spécifiques pour les deux-roues. Par exemple, la possibilité de tourner à droite aux feux rouges et des sanctions moins lourdes que pour les voitures…

Comment expliquez-vous le revirement de la mairie de Paris ?

Par la prise de conscience de la pollution en 1995, la redécouverte du vélo dans la capitale lors des grandes grèves de la même année et… les premiers sondages, en 1996, qui voyaient les Parisiens – lesquels sont aussi électeurs – plébisciter la création de pistes cyclables.

Et la pratique suit ?

Les premiers comptages sur la rue de Rivoli marquent une montée en puissance des vélos. La bicyclette ne se réduit plus à une pratique «écolo baba»[1]. De plus en plus de cadres en costume vont au bureau en deux-roues. Et la création de pistes cyclables oblige – notamment sur les quais du canal Saint-Martin – à ramener la vitesse automobile au maximum légal, 50 kilomètres à l'heure. Tout le monde y gagne : le cycliste, le piéton, et la Sécurité routière… Avec un minimum d'information, la petite couronne[2] pourrait aussi être impliquée. Qui connaît la piste du canal de l'Ourcq ? Et surtout celle de la coulée verte[3] du TGV Atlantique, qui part de la porte de Vanves ?

Le vélo a-t-il vraiment gagné contre l'automobile ?

Oh que non ! La rue reste un champ de bataille où le droit du plus fort, celui de la voiture, l'emporte. Et, à cet égard, l'attentisme de la Préfecture de police de Paris est très préoccupant. On sentait déjà son principal responsable, Jean-Pierre Mussot, plus que réservé lors des réunions techniques précédant le lancement du plan Tibéri. Ça continue. Certes, la réactivation du plan Vigipirate[4] laisse peu de temps aux policiers. Mais, dès le début, ils s'étaient désintéressés de la surveillance des voies cyclables. Certaines deviennent même des autoroutes à scooters. Danger !

Les fonctionnaires saboteraient donc le travail des politiques ?

Je dirai que c'est une nouvelle preuve de la perte d'autorité des policiers sur l'espace public. De la même manière qu'on laisse faire les voitures qui ne s'arrêtent pas aux passages piétons, on ne verbalise pas les véhicules garés sur les voies cyclables. Le comble, c'est quand la voiture est de la police, comme celle photographiée très récemment par *Le Figaro* près du commissariat du VIe arrondissement ! Nous avions d'ailleurs demandé, fin août dernier, au préfet, Philippe Massoni, de venir constater ces difficultés. Pas de réponse…

La Préfecture n'est pas seule à faire de la résistance…

Les clivages sur le vélo traversent en effet tous les courants politiques. Contre les pistes, il y a les maires d'arrondissement du XVIe et du VIIIe qui sont de droite. Mais aussi Georges Sarre, dans le XIe, qui est à la gauche du PS… Délicat, car, après l'installation des grands axes, nous devrions aborder maintenant la seconde phase du plan Vélo : le dessin des voies cyclables quartier par quartier. Le plus difficile.

L'Express, 16 janvier 1997

1. Voir note 1 du texte page 22. 2. Trace d'une voie de chemin de fer qui fait le tour de Paris. 3. Chemin qui longe la voie du train. 4. Le plan Vigipirate (mobilisation et répartition des forces de police dans les lieux publics) a été mis en place après une série d'attentats à la bombe en 1995.

4 Compréhension du vocabulaire du texte

Lisez le texte et trouvez les mots dont voici la signification.

Titre et sous-titre : irriter – … n'est pas encore battu – se faire prier, ne pas céder facilement – amateur et défenseur de la bicyclette.
Question/réponse 1 : voie réservée aux vélos – vérité fondamentale et sacrée – ensemble des lois relatives à la circulation des véhicules.
Question/réponse 2 : changement d'opinion – être pleinement favorable à…
Question/réponse 3 : accroissement rapide et important.
Question/réponse 4 : attitude qui consiste à ne pas prendre de décision.
Question/réponse 5 : détruire par malveillance – dresser un procès-verbal.
Question/réponse 6 : séparation dans un groupe due à des opinions divergentes.

5 Rédaction d'une note de synthèse : la circulation à vélo dans Paris

Vous êtes membre du Mouvement de Défense de la bicyclette et vous êtes chargé de rédiger une note sur l'état de la circulation à vélo dans Paris. Cette note sera adressée aux différentes autorités concernées (mairie – ministères – police – etc.).
a. Le style de la note. Pouvez-vous employer le même langage que Laurent Lopez ?
b. Voici le plan de votre note. Regroupez les informations données par le texte autour des points suivants.

• *La situation antérieure :* Création des premières pistes en 1980. C'était des « couloirs de la mort ». Aucun respect de la part des automobilistes. ....

• *Les progrès réalisés. Explications :* ....

• *L'état actuel :*
– la circulation : ....   – l'attitude des différents partenaires : ....

• *Les perspectives et les demandes :* ....

c. Rédigez cette note de façon à ne pas choquer vos interlocuteurs. Utilisez les formes d'atténuation étudiées dans les pages 44 et 45.

6 Connaissances culturelles : les transports en France

Un ami qui n'est jamais allé en France vous pose les questions suivantes. Répondez-lui de manière détaillée.

a. Je vais en France pour la première fois et je vais rester une semaine à Paris. Quel est le meilleur moyen pour se déplacer dans Paris ? C'est cher ? Qu'est-ce qu'il faut que j'achète ? **b.** Après, je vais à Marseille. Je ne veux pas prendre l'avion. Quel est le moyen le plus rapide ? Combien de temps je vais mettre ? Faut-il que je réserve ? **c.** Ensuite, je comptais faire la Côte d'Azur à bicyclette. Tu crois que c'est possible ? **d.** Si de Nice, j'ai envie d'aller à Bordeaux en avion, puis de faire Bordeaux-Rennes toujours en avion, tu crois que ce sera possible ? Les liaisons entre les villes de France sont-elles bien développées ? **e.** Et les autoroutes, il y en a beaucoup ? Sont-elles gratuites ?

LEÇON **12**

Utiliser les formes passives, pronominales et impersonnelles

pour **produire un discours neutre et objectif.**

1 | La forme passive

a. Mise en valeur du complément du verbe. Reformulez les titres de presse suivants en mettant les mots en italique en tête de phrase.
Exemple : 1. Une usine Toyota a été implantée en France par les Japonais.

Nouvelles économiques

1. Les Japonais ont implanté *une usine Toyota* en France.
2. Coca-Cola a racheté *la marque de boissons non alcoolisées Orangina*.
3. Les Français apprécient de plus en plus *les téléphones mobiles*.
4. Renault fermera son *usine de Vilvorde* en 1998.
5. Des appareils de sécurité équipent *les nouvelles voitures*.
6. Les services vétérinaires ont abattu *cent têtes de bétail atteintes de la maladie de la vache folle*.

b. Effacement des acteurs. Un chef d'entreprise interrogé par un journaliste ne veut pas dévoiler certains secrets. Reformulez ses phrases en supprimant les mots en italique et en utilisant la forme passive.
Exemple : « Il a été choisi. »

J : Vous avez trouvé un nom pour votre nouveau produit ?
C : *L'agence publicitaire Oméga* a choisi « Brutus » …
J : Vous avez trouvé des partenaires ?
C : *La société Dupont et la SCG* m'ont contacté…
J : Et votre film publicitaire ?
C : *Jean-Jacques Célier* le réalise en ce moment…
J : Le lancement est prévu pour quand ?
C : *La société qui va distribuer le produit* vous contactera…

2 | La forme pronominale à sens passif

a. Cas général. Reformulez les phrases suivantes en supprimant « on ».
Exemple : Les livres s'achètent de plus en plus dans les hypermarchés.

Tendances de la consommation

1. On achète de plus en plus de livres dans les hypermarchés.
2. On lit beaucoup de livres de témoignages authentiques.
3. C'est surtout à l'époque de Noël qu'on consomme des huîtres et du foie gras.
4. On a beaucoup moins porté de vêtements amples et « destructurés ».
5. À la différence des pratiques passées, on discute le prix des voitures.

b. «Il» impersonnel + forme pronominale (forme qui introduit généralement une idée de quantité). Reformulez en supprimant le mot en italique.

Exemple : Ces dernières années, il s'est vendu beaucoup moins d'alcools forts.

1. Ces dernières années *les commerçants* ont vendu beaucoup moins d'alcools forts que par le passé.
2. *Les éditeurs* ont publié 20 000 nouveaux titres en 1996.
3. *Les Français* ont consommé 600 000 tonnes de fromage en 1996.
4. *Ils* ont bu plus de six millions de litres d'eau minérale.

c. «Se faire», «se laisser», «se voir» + infinitif.
Employez ces expressions en reformulant les phrases suivantes.
Mettez les groupes de mots en italique en début de phrase.

Exemple : De plus en plus, les consommateurs adultes se laissent tenter par...

Les consommateurs adultes retombent en enfance

1. Les produits destinés aux enfants tentent *de plus en plus les consommateurs adultes.*
2. Des cadres supérieurs ont dévalisé *les vendeurs de chaussettes décorées de Tintin ou de Mickey.*
3. On a vu des secrétaires de direction demander des Carembar *aux boulangers.*
4. Les enfants conduisent *leurs parents (ravis et consentants)* au parc Disneyland.
Il y a deux explications au comportement de ces adultes :
5. Leurs parents *leur* ont interdit trop tôt les plaisirs de l'enfance.
6. *Ils* veulent qu'on les remarque.

▌3 La forme impersonnelle

Transformez les phrases suivantes en utilisant les formes impersonnelles pour : – supprimer les acteurs (mots en italique) – rendre plus neutres les jugements exprimés (expressions soulignées).

Exemple : Il avait été suggéré que... Il est probable que...

Propos échangés lors d'une réunion dans une entreprise qui fabrique des jouets

– Lors de notre dernière réunion, *Nathalie Fournier* avait suggéré de lancer une série de jouets de guerre pour les enfants de 3 à 6 ans. *J'*avais dit que nous y réfléchirions aujourd'hui.
– Les parents seront réticents devant ce type de jouet. C'est probable.
– Les jeunes enfants seront-ils intéressés ? Ce n'est pas sûr.
– Les tanks et les avions qui tirent des missiles ne sont peut-être pas adaptés à cette tranche d'âge. C'est possible.
– *Je connais un psychologue qui a prouvé* que les enfants réagissent très bien. La violence et les affrontements sont partout : dans les vidéos qu'on leur montre, dans la cour de l'école maternelle. C'est clair.
Ils doivent revivre ces affrontements sur le mode du jeu. C'est utile pour eux.
– Tout de même, *je m'*inquiète de voir des enfants de 3 ans avec de tels jouets ! Nous risquons d'avoir des critiques. Ce serait regrettable.
– *Je* souhaiterais néanmoins faire une enquête plus poussée.

LES DÉCIDEURS DE DEMAIN

Dans son ouvrage Le Futur a de l'avenir, *le publicitaire Jacques Séguéla fait un état des lieux de la société française actuelle et expose sa vision optimiste et tonique de l'avenir. Ici, il définit le profil des futurs leaders (hommes politiques, chefs d'entreprise, etc.).*

D'où viendront les nouveaux moteurs ? De la base, 1789 ne s'y est pas pris autrement. Car la mue des esprits en place, j'en doute. L'homme-papillon ne court pas les allées du pouvoir. Nous changeons de film, il faut redistribuer les rôles. Le nouveau casting ne sera plus le fait exclusif de la fortune, de l'hérédité ou de l'énarchie polytechnicienne, mais celui de l'aptitude à la psychologie collective. On recherche le leader-catalyseur du changement. Idées toutes faites s'abstenir.

Tout peut aller très vite. L'élite est une caste, c'est sa force et sa faiblesse. Si le moule casse, c'est la caste tout entière qui se brise. Logique, c'est le modèle et non ses opérateurs qui est la cause du drame.

Hier notre société pyramidale s'était choisi pour la gérer l'aristocratie, pointe extrême de la généalogie. L'aujourd'hui a généré sa classe supérieure, noblesse culturo-économico-politico-médiatique qui se partage pouvoir et gloriole. Pas un Sidaction[1], pas un talk-show, pas un dîner en ville qui ne juxtapose à égalité un prix Nobel, une médaille d'or olympique, un prétendant au trône, un milliardaire, un Goncourt, un présentateur et, cerise sur le gâteau de l'audimat, un top model. On ne refait plus le monde, on fait son numéro. On ne débat plus, on cause. On ne combat plus, on persifle. Les leaders devenus Guignols de l'info[2] font les Guignols mais plus l'info. Rideau.

De la noblesse de l'Ancien Régime à la puissance patrimoniale, puis bourgeoise et enfin industrielle du XXᵉ siècle, le pouvoir a, chez nous, toujours été le fait des idéologies. Ces dernières années, il ne s'est plus appuyé que sur la puissance rationnelle. Erreur fatale, s'en remettre aux faits, c'est être aussitôt trahi par eux. Il fallait faire rêver Billancourt[3], plutôt que de le désespérer. Il est trop tard désormais pour redresser la barre. Le bateau France est ivre. Il faut changer d'équipage et ne plus se tromper dans son choix.

Mais qui saura préciser les nouveaux critères de sélection ? Le croisement des études sociologiques et des prévisions scientifiques nous offre un éclairage. Je ne prétends pas qu'il soit lumineux mais il a le mérite d'exister.

Domineront demain les chefs capables de nous offrir un espoir alternatif au désespoir de la crise. Ils ne nous parleront pas d'évolution, mais d'autre monde, de civilisation nouvelle, de vie différente. Ils sauront nous proposer un scénario crédible à long terme, face aux simagrées de réforme dont nous abreuvent sans succès nos gouvernements successifs. Leurs projets nous emporteront vers un système bio-sociétal calqué sur le vivant[4], intégrant variétés à l'infini et infimes variétés. L'épine dorsale s'ossaturera autour des valeurs matri-harmoniques[5] (souvenez-vous : équilibre, qualité, intégration, émotion, continuité, proximité). L'impératif moral sera de règle. L'interactivité de nécessité. Nous entrerons dans un monde tout dialogue. Écouter et parler seront de circonstance, face aux clans socioculturels qui segmenteront le pays, comme face à ses collaborateurs qui attendront une autre hiérarchie, un autre intéressement, un autre management.

JACQUES SÉGUÉLA,
Le Futur a de l'avenir,
Éditions Ramsay, 1996

1. Manifestation médiatique destinée à recueillir de l'argent pour la lutte contre le sida.
2. Groupe d'humoristes qui présentent un journal télévisé atypique et amusant.
3. Nom de l'ancien site des usines Renault devenu le symbole de la classe ouvrière et des luttes syndicales. L'expression « Il ne faut pas désespérer Billancourt » signifie « Il ne faut pas écraser la classe ouvrière et la laisser sans espoir de vie meilleure ».
4. Un modèle politique et économique qui tienne compte des réalités et des aspirations humaines et sociales.
5. Les valeurs maternelles et féminines.

4 Compréhension du vocabulaire du texte

Tout en lisant le texte, faites simultanément les deux tâches suivantes :

a. Relevez et classez les emplois figurés et les métaphores.

Exemple : l'homme-papillon → métaphore zoologique et biologique : l'homme nouveau, produit d'une transformation rapide comme celle de la chenille en papillon.

- *Thèmes de la zoologie et de la biologie…*   • *Thèmes du cinéma et des spectacles…*
- *Thème de la navigation…*   • *Autres thèmes (précisez-les)…*

b. Trouvez les mots ou expressions dont voici la signification.

Paragraphes 1 et 2 : transformation (comme celle de la chenille en papillon) – cadres et fonctionnaires sortis des grandes écoles (ENA, Polytechnique) – facteur de changement et d'évolution – ne pas se manifester – objet dans lequel on coule du métal liquide pour faire certaines statues, etc. – ceux qui agissent.

Paragraphe 3 : gloire dérisoire – se moquer, dire des méchancetés.

Paragraphe 4 : qui a été reçu par héritage – qui a perdu toute notion d'orientation (comme s'il avait bu trop d'alcool).

Paragraphe 5 : qui peut remplacer… – comportement destiné à tromper – au sens propre : « donner à boire », ici « imposer » – se structurer – diviser en plusieurs groupes.

5 Valeurs du passé et de l'avenir

Notez dans le tableau les caractéristiques et les valeurs qui se rattachent aux décideurs du passé et de l'avenir.

Les décideurs d'hier et d'aujourd'hui	Les décideurs de l'avenir
L'appartenance à une grande famille, à la caste d'une grande école, la fortune sont les critères de sélection	Ils viendront de la base

6 Connaissances culturelles : la hiérarchie sociale en France

a. Inégalités des chances. En dehors de la fortune personnelle et des qualités individuelles, il existe en France d'autres facteurs d'inégalité des chances. Donnez des exemples qui montrent que les facteurs suivants peuvent être des handicaps : le sexe, l'origine géographique, la famille, la scolarité.

b. Valorisation et distinction. Obtenir le prix Goncourt distingue un écrivain de ses pairs et le situe parmi les élites de la société. Trouvez d'autres facteurs de valorisation et de distinction (en dehors de la fortune et des qualités personnelles).

LEÇON 13

Exprimer la cause et l'origine
pour **expliquer un fait, un comportement, un phénomène.**

1 Noms exprimant la cause ou l'origine

Complétez avec les mots de la liste. Indiquez, le cas échéant, les différentes possibilités.

1. L'égalité est un des .... de l'idéologie marxiste.

2. Pierre a abandonné ses études de médecine pour un emploi de vendeur. Je ne comprends pas ses ....

3. L'inspecteur de police pense avoir découvert .... du crime.

4. Jérémy est paresseux. Il trouve toujours .... pour ne pas aller travailler.

5. Le Carnaval trouve son (sa) .... dans les anciens rites religieux de fertilisation des terres agricoles.

6. La domination d'un groupe social par un autre est très souvent .... de révolte.

7. L'affaire Dreyfus a déchiré la France de la fin du XIXᵉ siècle. Elle fut .... d'une flambée d'antisémitisme. Je voudrais bien connaître le .... et le comment de cette affaire.

la cause
le facteur
le ferment
le fondement
le germe
le mobile
le moteur
le motif
la motivation
l'origine
le pourquoi
le prétexte
le principe
la raison
la source

2 Verbes exprimant l'idée de cause

Complétez avec les verbes de la liste.
Indiquez, le cas échéant, les différentes possibilités.

Quelques (fausses) idées reçues

1. *Les antibiotiques fatiguent.* Si l'on administre un antibiotique à une personne en bonne santé, il n'en .... aucune impression de fatigue. L'état de fatigue du malade qui prend des antibiotiques .... de sa maladie et non des médicaments.

2. *Le rouge excite les taureaux.* Cette croyance .... de la tradition tauromachique. Les toreros utilisent un carré de tissu rouge pour provoquer le taureau. Or, cet animal ne perçoit que très faiblement les couleurs. Son agressivité n'est pas .... à la couleur du tissu. Elle .... par les mouvements et les bruits qu'il perçoit.

3. *Le chien a un odorat beaucoup plus développé que celui de l'homme.* C'est moins vrai que ce qu'on pense. Les parfumeurs et les œnologues savent développer des capacités olfactives très fines. La faiblesse supposée de l'odorat de l'homme .... surtout par le fait que celui-ci a le

• *découler (de)*
procéder (de)
provenir (de)
résulter (de)
s'expliquer (par)
tenir (à)
• *être attribué à*
être causé par
être dû à
être déterminé par
être provoqué par
être imputé à

nez à 1 m 70 du sol. Elle .... aussi au fait que le langage humain est très pauvre quand il s'agit d'exprimer les odeurs.

4. *Dormir avec une plante verte dans sa chambre provoque des maux de tête.* C'est impossible. Le gaz carbonique rejeté par une plante .... par son poids. Or, à poids égal, les plantes rejettent moins de gaz carbonique que les animaux. Les maux de tête dont on souffre au réveil ne peuvent donc pas .... à la présence d'une plante.

3 Conjonctions exprimant la cause

Reliez les phrases entre crochets en utilisant les expressions de la liste.

Une journaliste interroge un médecin homéopathe.

LA JOURNALISTE. – [Vous soignez par l'homéopathie. Comment justifiez-vous ce type de médecine ?]

LE MÉDECIN. – [Les médicaments traditionnels ont des effets secondaires nocifs. Ce n'est pas le cas des médicaments homéopathiques. J'ai donc choisi l'homéopathie.]

LA JOURNALISTE. – Un médicament homéopathique contient de l'eau, du sucre et un produit actif extrêmement dilué. Peut-on être sûr que ce produit est présent dans chaque granule ?

LE MÉDECIN. – [Non. On ne peut pas le détecter. Le produit est tellement dilué !]

LA JOURNALISTE. – [Ce produit est indétectable. Comment peut-on affirmer qu'il a une action ?]

LE MÉDECIN. – [Le médicament guérit la maladie. On en conclut que c'est le produit qui agit.]

> *car*
> *comme*
> *étant donné que*
> *puisque*

4 D'autant (plus, moins,...) que...

Complétez avec les expressions de la liste.

MARIE. – Alors, il paraît que tu habites en Normandie ?

CLARA. – Oui, mais je n'abandonne pas Paris .... En fait, ... j'aime Paris pour les spectacles et les sorties ...., je ne supporte plus ses nuisances. Et j'ai .... envie d'y habiter que je ne suis plus obligée de rester cinq jours par semaine au bureau. J'ai donc acheté une maison dans l'Eure. C'est à 70 km de Paris. Mais c'est assez rapide .... j'ai l'autoroute à 5 km de chez moi.

MARIE. – Et les trajets sont .... rapides que l'autoroute te mène quasiment à ton bureau.

CLARA. – Exactement. Mais je ne fais le trajet que trois fois par semaine. Le reste du temps, je travaille chez moi et crois-moi, on travaille .... qu'on est au calme.

> *autant... autant...*
> *d'autant que...*
> *d'autant plus (moins, mieux) que...*
> *pour autant*

Le bricolage à la croisée des utopies

Les enquêtes concernant les loisirs des Français confirment la progression des activités de bricolage pendant les quinze dernières années. Au-delà des motifs purement utilitaires, les sociologues Joëlle Deniot et François-Xavier Trivière ont essayé de comprendre les raisons profondes de cette passion. Ils ont interrogé trois familiers de chez « Casto1 » : un homme (Monsieur B) et deux femmes (Laure A et Madame C).

Dès le vote de la loi de 1919 sur les huit heures[2], l'élite politique se met en devoir d'imaginer un usage politiquement convenable du temps libéré. L'ouverture des débats situera très vite le bricolage au centre des visions intégratrices et réformatrices anticipant le contrôle du loisir des hommes et femmes du commun. Utopie et bricolage sur la scène publique s'épaulent donc depuis fort longtemps. […]

Il est clair que, pour les deux femmes interrogées, le bricolage entre dans une dynamique d'autonomie revendiquée. L'activité de production, de transformation d'objets comporte toujours une dimension de forte identification. « On est fier de montrer ce qu'on a fait, fier de laisser ses marques », résume fort bien Monsieur B. L'entrée des femmes dans cette activité précise un peu différemment les choses. […]

« Je trouve ça toujours dommage de voir que la majorité des femmes n'ont aucune idée des choses simples en électricité, qu'elles sont vraiment obligées d'attendre le retour de leur mari, le soir, pour faire, pour régler un problème de base. Ce n'est pas une idée de féminisme nécessairement, c'est plus une idée d'indépendance. Mais de même que je n'admettrais pas qu'un homme ne sache pas, absolument pas, repasser, je suis désolée, c'est à la portée du premier venu, j'admettrais tout à fait que, par exemple, dans un couple, il y en ait un des deux qui sache mieux repasser que l'autre, et que l'autre ne repasse qu'en cas d'urgence. Je veux bien qu'on se répartisse le travail, mais il faut qu'il y ait quand même un socle commun. »

Constat d'une dichotomie[3] sexuée des univers techniques ? Proposition minimaliste-réaliste sur l'avenir des partages. Laure A. se range du côté d'un féminisme viable. Elle conjugue bricolage avec utopie modérée, mais sur un registre militant, voie que ne choisit pas madame C. dont la pratique bricoleuse serait plutôt outil de recherche d'une singularité. On est passé – sur fond de bricole libératrice toujours – de l'utopie de la femme à l'utopie du sujet.

« Des fois je plane[4] un peu, ce que je fabrique pour moi, c'est un peu un rêve. » Madame C. recouvre les meubles de kraft. Elle est passionnée par la peinture à l'éponge qui donne sur les murs « plein d'effets marrants ». […]

Bricoles plus symboliques, ajoutées aux bricoles plus pratiques, esquissent là toutes ensemble, l'utopie d'une poétique transitoire de l'objet[5]… image saisissante aussi de cette liberté légère, fragile, toujours remodelable du sujet.

À travers le travail manuel, l'idée d'une relation privilégiée avec les autres. À travers le brassage, la confrontation et l'échange des compétences que suscite le bricolage, l'idée d'une redistribution, d'une république des savoirs techniques, fondée sur l'universalité de la logique… où tous peuvent se mesurer. Voilà l'utopie politique de la raison moderne que suggère à Laure A. l'expérience du bricolage. « Les professionnels, ils sauront nettement mieux faire que moi, techniquement par exemple, mais parfois, c'est de la logique et pas du savoir, […] il faudrait que ce soit appris à l'école. »

Sans oublier, au masculin comme au féminin, cette étrange utopie de découvreur qui tenaille le bricoleur. « J'aime bien quand les choses tombent en panne pour pouvoir regarder, j'exagère un petit peu, mais en un sens, ça m'amuse. » « Si l'élément a été monté, c'est qu'il peut se démonter. Vous regardez, vous observez, et à un moment vous défaites. » Goût d'être, de vivre dans le secret – tantôt dangereux, tantôt rassurant – des choses. Portés à cette sensation forte de toucher le secret des choses, les adeptes du bricolage éprouvent, tout naturellement en somme, ce besoin de refaire le monde.

Joëlle Deniot et François-Xavier Trivière,
Passions ordinaires (sous la direction
de Christian Bromberger),
Bayard Éditions, 1998

---

1. Castorama : grande surface spécialisée dans l'outillage et les fournitures pour les travaux de bricolage.
2. La réduction de la journée de travail à 8 heures.
3. Opposition de deux éléments.
4. Être dans un état de bien-être et de rêve comme après avoir absorbé une drogue
5. Création éphémère.

a. Faites une première lecture du texte en vous aidant des définitions suivantes pour la compréhension des mots difficiles (les chiffres renvoient aux paragraphes).

(1) se compléter, s'aider – (3) une base – (4) réaliste, possible – allier – tonalité, aspect – (5) amusant – (6) changeante, modifiable – (7) mélange – vérifier ses compétences – (8) tourmenter, préoccuper – amateurs, pratiquants, disciples.

b. Ce texte fait se succéder: 1) Les informations et les commentaires des auteurs écrits dans la langue de la sociologie. 2) Les citations des personnes interrogées écrites dans une langue familière.

Dans ces deux types d'informations, recherchez ce qui explique la passion de certains Français pour le bricolage. Reformulez ces informations de la manière suivante:

1. Simplifier les propos des auteurs.

Exemple: Premier paragraphe → Quand la journée de travail a été réduite à 8 heures (en 1919), le bricolage a été considéré par le pouvoir comme un moyen d'occuper le temps libre.

2. Tirer des conclusions des propos des personnes interrogées.

Exemple: « On est fier de montrer ce qu'on a fait, fier de laisser ses marques » → le bricolage s'explique par le désir de créer et de se valoriser.

6 Connaissances culturelles: les loisirs des Français

a. D'après vous, les affirmations suivantes sont-elles vraies ou fausses?

1. L'école française accorde beaucoup d'importance aux activités sportives et artistiques.

2. Les Français qui travaillent ont de moins en moins de temps libre.

3. Les Français qui travaillent ont de plus en plus de temps libre, mais ont l'impression d'en manquer.

4. Les loisirs sont devenus une valeur plus importante que le travail.

5. Les associations qui encadrent les loisirs ont augmenté depuis 30 ans.

6. La motivation majeure pour les sports reste la compétition.

7. Chez les adultes, le sport le plus pratiqué est la randonnée.

8. Beaucoup de jeunes choisissent très tôt une activité artistique qu'ils pratiquent longtemps.

9. Les Français préfèrent les activités individuelles aux activités collectives.

10. En 1996, 80% des Français sont allés au moins une fois au cinéma.

b. Voici des phrases qui ont été prononcées pendant ou après une activité de loisir. Que signifient-elles? Quel état d'esprit reflètent-elles?

1. « Je me suis éclaté. » 2. « J'ai une pêche d'enfer. » 3. « J'avais besoin de faire le vide dans ma tête. » 4. « Je me sens bien dans ma peau. » 5. « Je tiens la forme. » 6. « C'est fun. » 7. « Je me suis arraché. »

LEÇON 14 — Exprimer la certitude ou le doute, formuler des hypothèses et tirer des conclusions *pour* faire une démonstration.

1 Exprimer ses certitudes ou ses doutes

Quatre historiens débattent du mystère de la mort de Napoléon 1er. On sait qu'après la défaite de Waterloo (1815), l'empereur a été exilé par les Anglais sur l'île de Sainte-Hélène. Il y mourra six ans plus tard. Mais est-il décédé de mort naturelle (un cancer de l'estomac) ou a-t-il été empoisonné?

Trouvez dans le tableau quatre formules d'introduction pour chacune des quatre interventions d'historiens suivantes.

Exemple : a. → Il n'est pas impossible (3) qu'il ait été empoisonné.

a. « On peut supposer que le comte de Monthalon qui s'occupait de l'intendance de Napoléon à Sainte-Hélène et qui était le premier sur la liste de ses héritiers ait été pressé de toucher l'héritage de l'empereur. »

b. « Le rapport d'autopsie établi par un médecin français envoyé par la famille de Napoléon Ier conclut à une mort naturelle. »

c. « Le médecin anglais qui soignait Napoléon a noté à plusieurs reprises à partir de 1817 certains symptômes qui ressemblent étrangement à un empoisonnement par l'arsenic. »

d. « Récemment, en 1994, on a analysé quelques cheveux de Napoléon Ier. Les scientifiques sont formels : ils ne contiennent pas plus d'arsenic que ce qu'on peut trouver sur n'importe quel autre cadavre. »

(1) Certains témoignages laissent penser...	(9) Tout porte à croire que...
(2) Nous sommes certains...	(10) Il est possible que...
(3) Il n'est pas impossible que...	(11) On dispose d'une preuve irréfutable
(4) On est en droit d'être sceptique...	(12) Il y a tout de même des indices troublants
(5) Il n'est pas exclu...	(13) Certains signes donnent l'impression que...
(6) On a pu prouver...	(14) On a pu se rendre compte que...
(7) Il se peut que...	(15) Il a été démontré...
(8) Il y a de fortes chances pour que...	(16) On a pu constater que...

2 Verbes exprimant des hypothèses

Complétez chaque phrase avec deux verbes synonymes de la liste.

Exemple : ... on peut *pronostiquer (prévoir)* que sa cote va monter.

Des économistes bavardent à propos des variations du cours de la bourse.

– L'entreprise Alfa a obtenu d'excellents résultats cette année, on peut .... que sa cote va monter.

– En revanche, les mauvais résultats de l'entreprise Lambda ne laissent pas .... un bon comportement en bourse.

– Jean-Paul Reynaud a fait un bon coup en vendant ses actions Delta. Je me demande comment il a pu .... que Delta serait rachetée par Oméga.

– J(e) .... qu'il a dû avoir des informations.

– Je le .... de les avoir obtenues directement du PDG d'Oméga. C'est son ami.

– Que pensez-vous d'Eurêka ? Sa cote n'a cessé de grimper sans raisons valables. Je .... une catastrophe dans peu de temps.

> *augurer*
> *deviner*
> *flairer*
> *imaginer*
> *présager*
> *pressentir*
> *prévoir*
> *pronostiquer*
> *soupçonner*
> *supposer*
> *suspecter*
> *se douter que*

3 Démonstration par hypothèse

Au XVIIIᵉ siècle, un animal aussi monstrueux que mystérieux terrorisait les habitants d'une région du Massif Central et fit en trois ans de nombreuses victimes. Des amateurs d'extraordinaire s'interrogent sur la nature de ce monstre qu'on appela « la bête du Gévaudan ».

À partir des notes suivantes, construisez des dialogues de deux répliques comme dans l'exemple.
Formulez les hypothèses en employant les expressions en italique.

Exemple : (1) • *Constatation et hypothèse :* « À cette époque, il y avait beaucoup de loups dans cette région. La bête mystérieuse *aura été* tout simplement un gros loup. »
• *Reformulation de l'hypothèse et réfutation :* « *S'il s'était agi* d'un gros loup, les descriptions *n'auraient pas été* contradictoires. »

(1)	• À cette époque il y avait beaucoup de loups dans cette région. → C'est un gros loup *(hypothèse exprimée par le futur antérieur)*	→ *Si…* • Les descriptions de l'animal sont contradictoires.
(2)	• Il y a des centaines de légendes sur les animaux étranges. → C'est une légende *(hypothèse exprimée par le futur)*	→ *Si…* • Il existe de nombreux témoignages de chasseurs, de promeneurs ainsi que de nombreuses victimes.
(3)	• Les témoignages des personnes ayant vu la bête ne concordent pas. → Il s'agit de plusieurs animaux *(Et si…)*	→ *À supposer que…* • Les blessures infligées aux victimes sont identiques.
(4)	• Certaines victimes ont été dépouillées de leur argent. → Ce sont des hommes déguisés en animaux : des brigands ou des personnes voulant se venger *(Il se pourrait… soit que… soit que…)*	→ *Admettons que…* • Les témoins ont vu la bête se déplacer avec une très grande rapidité.
(5)	• Il y avait des cirques ambulants à cette époque. → C'est un tigre ou un lion *(Disons que…)*	→ *Dans l'hypothèse où…* • Les cirques n'ont signalé aucune disparition.

Les Français et l'argent :
aux origines d'un tabou

On impute souvent la traditionnelle pudibonderie des Français à propos de l'argent à l'influence de l'Église catholique, qui professe un idéal évangélique de pauvreté et surtout condamne l'usure, faisant du prêt à intérêt une pratique impie. De cette idée, Max Weber[1] a fait une hypothèse scientifique : pour les protestants, l'homme ne peut gagner le salut par ses « œuvres » (sa nature pécheresse l'en rend incapable) mais par la grâce de Dieu. Le fait de réussir dans son métier peut donc être un signe d'élection. L'enrichissement n'est condamnable que s'il conduit à la débauche ou au gaspillage. Obéir à la logique du profit sans se laisser aller à la dépense permet d'entrer dans le cercle magique de l'accumulation et de l'épargne, propice à l'essor du capitalisme. La thèse de Max Weber partait de la constatation que le capitalisme s'était plus développé en Allemagne dans les régions protestantes que dans les régions catholiques. Elle a été abondamment réfutée par les historiens.

Dans le cas de la France, elle n'est guère probante. Si les protestants dominent la haute banque au XVIIIᵉ siècle, ce n'est pas en raison de leur éthique religieuse mais de leurs réseaux internationaux, seuls capables de drainer au profit du gouvernement les capitaux étrangers disponibles. Ces protestants viennent surtout de Genève, nouvelle place bancaire qui est en train de supplanter Lyon dans le prêt international au roi de France. Ils sont aussi parfois français, comme Samuel Bernard, le richissime banquier de la fin du règne de Louis XIV. Ou appartiennent au clan des financiers languedociens, les Crozat, Ollivier, Bosc, etc. La Révocation[2] a été une catastrophe pour leur foi religieuse, mais un prodigieux tremplin pour leurs affaires. Certains choisissent la conversion, d'autres l'émigration, créant ainsi une diaspora propice à l'essor international de leur crédit. L'influence morale de l'Église a beaucoup moins contribué à façonner l'attitude des Français à l'égard de l'argent que la pression financière et idéologique de l'État. Le recours à des financiers étrangers n'était certes pas propre au roi de France. Mais en France, des Toscans de Philippe le Bel[3] à Necker[4], appelé deux fois aux affaires par Louis XVI, cette pratique a été particulièrement durable. En confiant la gestion de leurs finances à des étrangers, mais surtout en l'enveloppant d'une opacité inquiétante, les rois de France ont fait germer dans les têtes cette frilosité soupçonneuse devant l'argent. [...].

[Avec Louis XIV, c'est la grande aristocratie française qui devient créancière de la monarchie.]

Les ducs, les marquises, les cardinaux couverts de pourpre et les maréchaux couverts de gloire qui investissent leur argent dans des prêts au roi ne le font pas ouvertement, mais par des hommes de paille, afin de limiter les risques et de préserver leur dignité. Tout le monde y trouve son compte. En transformant en agioteurs les grands barons, prêts hier encore à ferrailler contre le gouvernement, le souverain conforte à la fois sa trésorerie et son autorité.

Pour faire pièce au mépris que leur témoignait la vieille noblesse militaire, les anoblis[5] se sont forgé un idéal nobiliaire alternatif, exaltant l'héroïsme intellectuel et non plus guerrier. C'est l'idéal de l'honnête homme, qui se voue librement – non professionnellement – aux choses de l'esprit. Manière de magnifier l'activité intellectuelle et le savoir sur lesquels reposait la compétence juridique des gens de robe[6], tout en conservant l'interdiction aristocratique de la dérogeance, c'est-à-dire du travail rémunéré[7].

S'ajoutant au manteau d'infamie dont la monarchie couvrait le monde de la finance et à l'hypocrisie de l'aristocratie qui spéculait en catimini, l'idéal de l'honnête homme n'a fait que renforcer en France le climat de réprobation à l'encontre du profit capitaliste. Ce modèle culturel, qui valorisait le talent personnel, a survécu à la Révolution. Grâce au système scolaire, il a pu transmettre jusqu'à notre époque, comme l'a montré Pierre Bourdieu[8], son idéal de distinction.

ANDRÉ BURGUIÈRE,
Le Nouvel Observateur,
28 octobre 1998

---

1. Sociologue allemand (1864-1920), auteur d'une célèbre étude : « L'Éthique protestante et l'esprit du capitalisme ».
2. L'Édit de Nantes signé en 1598 autorisait la pratique de la religion protestante en France. Cette autorisation fut supprimée en 1685 par Louis XIV (Révocation de l'Édit de Nantes).
3. Roi de France de 1285 à 1314.
4. Financier né à Genève d'une famille allemande.
5. Il s'agit des membres de la bourgeoisie anoblis par le roi.
6. Les nouveaux nobles étaient souvent des juristes (gens de robes).
7. Il était interdit à la noblesse d'exercer certaines professions.
8. Sociologue qui a démonté les mécanismes par lesquels la classe des élites se perpétue dans la société.

Après une première lecture rapide, travaillez ce texte paragraphe par paragraphe en répondant aux questions posées.

• **Le titre**

Qu'annonce ce titre ? À quel trait de mentalité fait-il référence ?

• **Premier paragraphe**

a. Trouvez les mots dont voici les définitions :
pudeur excessive, réticence – intérêt que l'on retire en prêtant de l'argent – contraire à la religion – qui commet des péchés – don de Dieu – le fait d'être élu, choisi par Dieu – comportement immoral – développement.

b. Quelles sont les religions actuellement pratiquées en France ? À quelles époques ont-elles été introduites ?

c. Pour quelles raisons a-t-on pensé que la morale protestante était à l'origine de l'esprit capitaliste ?

d. Quelle première explication peut-on donner au fait que l'argent soit tabou en France ?

• **Deuxième paragraphe**

a. Trouvez les mots dont voici les définitions :
être une preuve – attirer, conduire – prendre la place de… – facteur de développement (emploi figuré) – former – réticence, méfiance.

b. À quels épisodes de l'histoire de la France l'auteur fait-il allusion ?

c. Quel est l'argument qui permet de réfuter la thèse de Max Weber ?

d. Complétez l'explication de l'attitude des Français à l'égard de l'argent.

• **Troisième et quatrième paragraphes**

a. Trouvez les mots dont voici les définitions :
personne qui s'occupe discrètement d'une affaire dont on ne veut pas se charger soi-même – spéculateur – se battre – s'opposer – se fabriquer – se consacrer à…

b. Aux XVIIᵉ et XVIIIᵉ siècles quelles étaient les attitudes conflictuelles
– du roi et de la grande aristocratie ?
– de la grande aristocratie et des anoblis ?

c. En quoi consiste l'idéal de l'honnête homme ?

d. Complétez l'explication de l'attitude des Français à l'égard de l'argent.

• **Dernier paragraphe**

a. Trouvez les mots ou expressions dont voici les définitions :
considérer quelqu'un comme méprisable, sans honneur et sans dignité – en cachette – critique.

b. Complétez les raisons pour lesquelles l'argent est tabou en France.

Exprimer la conséquence, l'implication, la condition, la dépendance, la restriction et la réserve

pour **exposer les conséquences d'un fait ou d'un comportement.**

1 Enchaînements de causes et d'effets

À partir des notes suivantes, décrivez les enchaînements de conséquences qui risquent d'affecter la consommation de l'eau dans le monde. Utilisez : *les nominalisations* pour synthétiser les faits, *les expressions et les verbes donnés en marge* pour exprimer la conséquence, *des mots de liaison* (D'une part, d'autre part, par ailleurs, etc.) pour l'enchaînement des faits et des arguments.

Exemple : D'une part, le développement des industries chimiques s'accompagne de rejets de produits toxiques dans les rivières. *D'autre part…*

Dégâts des eaux dans le monde

(1) Vers une augmentation du coût de l'eau

• Les industries chimiques se développent → Elles rejettent des produits toxiques dans les rivières.
• L'agriculture devient de plus en plus intensive et utilise de plus en plus de produits chimiques → Ces produits toxiques s'infiltrent dans les nappes d'eau souterraines.
• Certaines municipalités font preuve d'inconséquence → Les stations d'épuration sont inefficaces.

• *s'accompagner de…*
• *entraîner…*
• *de sorte que…*

↓

Les cours d'eau et les nappes souterraines atteignent un niveau de pollution inégalé.

• *Il en résulte…*

↓

Le traitement des eaux sera nécessaire :
• pour la consommation alimentaire ⎫ stations d'épuration de plus en
• pour la consommation générale ⎬ plus nombreuses et sophistiquées

• pour l'eau destinée à l'irrigation ⎭ → augmentation du prix de l'eau
→ augmentation du coût des produits agricoles.

• *Du coup…*
• *impliquer…*
• *provoquer…*
• *avoir pour conséquence…*

(2) Vers un déséquilibre écologique

• Les cours d'eau sont pollués
→ Des espèces animales et végétales disparaissent.
→ Les baignades sont dangereuses (intoxications, maladies de peau).

• *à tel point que…*

• On pompe de plus en plus dans les nappes souterraines.
→ Certaines sources se tarissent.
→ Dans les zones côtières, l'eau de mer remonte et occupe ces nappes.

• *aboutir à…*
• *causer…*

(3) Vers des conflits mondiaux

La population du monde s'accroît → Les besoins alimentaires augmentent → L'agriculture se développe → L'irrigation intensive épuise les ressources en eau de certains pays → Ces pays se disputent la propriété de l'eau des fleuves frontaliers, des nappes souterraines frontalières, des cours d'eau qui traversent plusieurs pays → L'eau devient un enjeu de guerres.

* *créer...*
* *d'où...*
* *alors...*
* *conduire à...*
* *par conséquent...*

2 Implications, conditions, dépendances, restrictions et réserves

a. Exprimez des implications. Complétez avec les expressions de la liste.

Allons-nous vers la fin du travail ?

D'après l'économiste américain Jeremy Rifkin, le développement de l'information et de l'automatisation .... à moyen terme la disparition de nombreux emplois. Cela .... la suppression d'emplois non qualifiés mais également des emplois comme avocat ou médecin. Par ailleurs, les nouveaux modes de gestion des entreprises .... des dégraissages massifs.
.... cette évolution, seule une élite de concepteurs-créateurs restera indispensable à la société.

* *Compte tenu de...*
* *Impliquer supposer sous-entendre*

b. Exprimez des conditions. Complétez chaque phrase avec toutes les expressions possibles de la liste.

La société surmontera cette situation .... elle sache se remettre en question.
Elle évoluera à nouveau vers le plein emploi .... réduise la durée du travail.
De nombreux emplois seront créés .... on saura dégager de nouveaux besoins.

* *dans la mesure où...*
* *à condition que...*
* *du moment que...*
* *pourvu que...*
* *pour peu que...*
* *si tant est que...*

c. Exprimez la dépendance, la restriction ou la réserve.
Formulez les conditions de succès d'une réduction de la durée du travail en utilisant les mots et expressions entre parenthèses.

• **Conditions de succès de la réduction de la durée du travail**
→ pas de diminution des revenus (*sous réserve que...*)
→ bonne volonté des entreprises (*dépendre de...*)
→ temps libéré investi dans les loisirs et non dans le travail au noir (*pour autant que...*)
→ répartition égale de la diminution entre les hommes et les femmes (*être tributaire de...*)
→ temps libéré n'impliquant pas un retour à une répartition traditionnelle des tâches entre les hommes et les femmes (*passer par...*)

TRAVAIL À TEMPS PARTIEL
progrès ou régression ?

La proportion des personnes travaillant à temps partiel qui atteignait 16 % des actifs en 1995 ne cesse d'augmenter. La sociologue Anne-Marie Grozelier analyse les causes et les conséquences du développement de cette forme d'emploi.

Le travail à temps partiel est concentré dans les emplois peu ou pas qualifiés ou ceux dont la qualification n'est pas reconnue, dans le tertiaire, les services aux particuliers et aux entreprises, le secteur de l'éducation, de la santé, de l'action sociale, des administrations, du commerce, etc. Les employés à temps partiel sont à 92 % des femmes. Depuis la création des emplois familiaux, et c'est là une des raisons de l'essor du temps partiel, on voit même apparaître des emplois de quelques heures par semaine, source d'une nouvelle pauvreté. À l'évidence, la progression du temps partiel se calque sur les secteurs à dominantes féminines. Dans le même temps, cette forme de travail reste extrêmement rare dans les postes de responsabilité. L'accès au statut de cadre est difficilement compatible avec des horaires réduits, surtout lorsqu'une certaine pression sociale l'assigne à assurer un temps de présence considérable dans l'entreprise.

Le statut de temps partiel constitue bien une forme particulière, c'est-à-dire dévalorisée, d'emploi, qui stigmatise subrepticement [1] les positions sociales de ceux et plus encore de celles qui y sont assujettis dans l'entreprise. Il structure implicitement la définition des qualifications, l'évolution du statut et des filières professionnelles ainsi que les critères de rémunération. À travail égal et niveau de formation égal, on n'a pas la même qualification selon que l'on est employé à temps partiel ou à temps plein. Le temps partiel avant même de se caractériser par un horaire de travail, définit un statut d'emploi. Celui-ci correspond en général à des conditions de travail quelque peu dévaluées et constitue le travail féminin comme largement non qualifié, instable, et donc sans perspective d'ascension. […]

Ainsi, avec cette évolution du temps partiel, la France voit également disparaître une autre de ses spécificités, laquelle tenait à la structure de l'emploi féminin qui, dans le passé, avait permis aux femmes de ne pas rester cantonnées dans les emplois subalternes mais d'accéder à un éventail plus large de postes de responsabilité. En effet, les femmes, en France, se trouvaient dans une situation assez exceptionnelle. Elles se distinguaient de la plupart des autres pays européens en ayant le taux de temps partiel le plus bas d'Europe avec un taux de fécondité et un taux d'activité parmi les plus élevés, dépassées seulement pour les taux d'activité par les Scandinaves et les Britanniques, lesquelles par ailleurs détenaient les records du travail à temps partiel. Par leur comportement, les Françaises ont ainsi montré que, contrairement aux stéréotypes, elles entendaient mener de front vie personnelle et vie professionnelle, et participer à part entière au monde du travail. […]

Si le temps partiel connaît aujourd'hui un développement accéléré, c'est aussi qu'il participe de deux logiques qui se conjuguent et se renforcent. D'une part, les logiques de gestion des entreprises qui ont découvert dans le temps partiel la flexibilité idéale et qui en font un des axes de leur politique de gestion de la main-d'œuvre. D'autre part, celle des partis politiques et des pouvoirs publics, qui cherchant désespérément des solutions au chômage, en viennent à le considérer comme un moyen d'organiser le partage du travail, tout en prétendant favoriser ainsi la conciliation entre vie professionnelle et vie familiale. Cette conception se retrouve dans les programmes des principales formations politiques, toutes tendances confondues.

Anne-Marie Grozelier,
Pour en finir avec la fin du travail,
© Les Éditions de l'Atelier /
Éditions Ouvrières, Paris, 1998.

---

1. Qui marque et détermine sans l'avouer la position sociale.

3 Compréhension du vocabulaire du texte

Trouvez les mots ou expressions dont voici les définitions.

• *Paragraphe 1 :* secteur économique regroupant les activités qui ne sont pas directement productives (services, administrations, etc.) – emplois d'aide aux familles (ménage, enfants, personnes âgées, etc.) – développement – se développer sur le modèle de… – obliger.

• *Paragraphe 2 :* être soumis à… – ensemble de lois qui règlementent une profession – ici, promotion professionnelle.

• *Paragraphe 3 :* être maintenu dans un lieu, une position – emploi de rang inférieur.

• *Paragraphe 4 :* qui vont ensemble et se renforcent mutuellement.

4 Compte rendu critique

a. Relevez dans le texte les causes et les conséquences du développement du travail à temps partiel.

b. Complétez l'analyse de l'auteur par vos remarques personnelles. Le travail à temps partiel n'a-t-il pas aussi des conséquences positives ?

c. Rédigez ce compte rendu critique en utilisant les expressions travaillées dans les pages 60 et 61.

5 Connaissances culturelles : le travail en France

Testez vos connaissances en répondant aux questions suivantes :

1. Quels sont les deux types principaux de contrats de travail que peut obtenir une personne nouvellement embauchée ?

2. Quelle est la durée du travail hebdomadaire pour un employé ?

3. Quel est l'âge légal de départ à la retraite ?

4. Quelles est la différence entre le salaire brut et le salaire net d'un employé ?

5. Quelles sont les particularités de la situation des cadres ?

6. Quelles sont les particularités de la situation des fonctionnaires ?

7. À quels types de congés un salarié a-t-il droit ?

8. Citez trois professions qui font partie des professions libérales.

9. Depuis le début des années 80, le syndicalisme en France est-il en augmentation, en stagnation ou en diminution ?

10. Deux personnes qui ont les mêmes diplômes peuvent avoir des salaires très différents. Qu'est-ce qui peut expliquer cet écart ?

16

Utiliser des substituts pronominaux et lexicaux ainsi que certains adverbes de temps

pour assurer la cohérence d'un récit.

1 La substitution pronominale

Pour éviter les répétitions, remplacez les mots en italique par des pronoms personnels (le, la, lui, leur, en) ou par des pronoms démonstratifs (celui-ci, ce dernier, etc.).

Faits divers

• En Allemagne, un mendiant a refusé à une jeune femme les 650 marks (environ 2 000 F) que *la jeune femme* proposait *au mendiant*. *La jeune femme* manifestant son étonnement, *le mendiant* a répondu *à la jeune femme* qu'il trouvait la somme trop élevée. *La somme* a finalement été versée à une œuvre sociale.

• À Tokyo, c'est au moyen d'une simple boule de neige qu'un voleur a réussi à dérober 500 000 F à sa victime. *Le voleur* a lancé *la boule de neige* au visage *de sa victime* au moment où *sa victime* sortait de sa banque. Profitant de l'effet de surprise, il a arraché la serviette de *sa victime*.

• En Espagne, un notaire propose des contrats de mariage à durée déterminée. Un couple de La Corogne vient de signer un *de ces contrats*. *Ce contrat* est valable deux ans. Après cette période, *ce contrat* est renouvelable si les deux conjoints souhaitent *qu'il soit renouvelé*.

2 La substitution lexicale

Pour éviter une répétition on peut aussi remplacer le nom répété par un autre nom.

Exemple : Un tableau de Renoir a été vendu aux enchères.
L'œuvre représente… *La toile du maître* a été achetée… Etc.

a. Trouvez au moins deux mots de remplacement pour les noms suivants.

• Louis XIV	• La tour Eiffel	• une maison
• Louis Pasteur	• L'abbaye du Mont Saint-Michel	• un maçon
• Patricia Kaas	• *Les Misérables*	• un directeur

b. Pour éviter les répétitions, remplacez les mots en italique par des équivalents.

• La Maison Carrée est un temple romain situé à Nîmes. *Ce temple* fut construit par l'empereur Auguste au Ier siècle avant J.-C. C'est un beau *temple* orné de colonnes de style corinthien. Ce *temple* est bien conservé et abrite aujourd'hui un musée.

• Nestor Burma est un détective privé qu'on trouve dans beaucoup de romans policiers de Léo Malet. *Nestor Burma* est atypique : toujours sans argent, il mène ses enquêtes au hasard des circonstances. Mais *Nestor Burma* est intelligent, intuitif et séducteur. *Nestor Burma* est un anti-Maigret. *Nestor Burma* annonce plutôt le commissaire San Antonio.

3 La cohérence des personnes et des objets dans le récit

Un auteur de romans policiers a eu quelques idées pour un futur roman. Il les a notées rapidement sur un carnet.

Rédigez ces notes en effectuant les opérations suivantes :

– supprimez les répétitions en utilisant les procédés travaillés dans les exercices 1 et 2.

– regroupez en une seule phrase les notes entre crochets.

Dorothée vient d'épouser Philippe.
[*Philippe* travaille dans une entreprise d'informatique de Bordeaux. *Philippe et Dorothée* s'installent dans la banlieue de *Bordeaux* au hameau des Pins. *Le hameau des Pins* est un ensemble de belles villas construites dans un parc.]
Dorothée ne tarde pas à trouver que l'atmosphère du *hameau* est étouffante. [Les habitants *du hameau* se réunissent souvent. Tous les hommes sont des cadres d'entreprise. *Les habitants* semblent vivre au-dessus de leurs moyens.]
Le hameau fait penser à une société secrète et il se passe *au hameau* des événements étranges.
Dorothée parle *de ces événements* à Philippe mais *Philippe* ne croit pas *Dorothée*.
[Finalement, Dorothée découvre que les hommes du hameau sont des malfaiteurs. *Les*

hommes se sont organisés pour commettre des hold-up dans leurs propres entreprises.]
L'homme qui travaille dans l'entreprise visée informe ses amis et ce sont *ses amis* qui commettent *ce hold-up*.
Un hold-up a lieu dans l'entreprise de Philippe et *Philippe* avoue à *Dorothée* que c'est lui qui a été involontairement l'informateur *du hold-up*.
[*Dorothée* avertit la police. *La police* mène une enquête. *L'enquête* ne donne rien.]
Tous les hommes du hameau étaient dans leur bureau au moment du hold-up. C'est en lisant dans le journal que les malfaiteurs avaient opéré masqués et qu'ils n'avaient pas prononcé un seul mot que Dorothée comprend qui sont *les malfaiteurs* : les femmes du hameau, bien sûr !

4 La cohérence temporelle du récit

Voici la chronologie des événements d'un fait divers. Rédigez ce récit en regroupant les 10 séquences en 3 paragraphes selon l'ordre suivant : [6-7-8-4-5] → [1-2-3] → [9-10]

Remplacez les dates par des adverbes indiquant les relations temporelles (ce jour-là, le lendemain, trois jours après, etc.).

Exemple : Ce jour-là, Léa était rentrée chez elle plus tôt que prévu quand elle aperçut...

1. – *1990.* Luc et Léa se marient.
2. – *1994.* Disputes fréquentes dans le couple.
3. – *janvier 1996.* Luc décide de quitter Léa.
4. – *13 mars 1996.* Luc s'installe dans son nouvel appartement.
5. – *14 mars 1996.*
Léa harcèle Luc de coups de téléphone.
6. – *15 mars 1996.*
15 heures : Léa rentre plus tôt que prévu chez elle. Elle surprend un individu masqué qui s'enfuit. Elle

a néanmoins le réflexe de lui arracher son masque et reconnaît... Luc.
16 heures : Elle porte plainte à la police.
7. – *16 mars 1996.* Luc est arrêté.
8. – *17 mars 1996.* Luc est interrogé par la police. Il avoue que sa seule intention était de détruire le téléphone de sa femme.
9. – *24 mars 1996.* Léa retire sa plainte.
10. – *mars 1997.* Léa et Luc réconciliés vivent heureux et viennent d'avoir un enfant.

POLÉMIQUE AUTOUR DU « VULCANOSCOPE » D'AUVERGNE

VULCANIA, le futur Centre européen du volcanisme, est l'enfant chéri de Valéry Giscard d'Estaing. Un projet grandiose, porté par le conseil régional d'Auvergne dont il est le président. L'ancien chef de l'État entend réaliser un véritable parc de loisirs scientifique, une sorte de Futuroscope consacré aux volcans et aux sciences de la Terre. En pleine nature, et quelle nature! Celle du parc naturel régional des volcans d'Auvergne, où l'on peut admirer le paysage impressionnant des quatre-vingts géants éteints de la chaîne des Puys[1]. Planté à Saint-Ours-les-Roches, sur un ancien terrain militaire de 57 hectares, Vulcania, tel que l'a conçu l'architecte autricien Hans Hollein, préféré au Français Jean-Michel Wilmotte, offrira une vue magnifique sur le puy de Dôme et les autres buttes vertes de type strombolien ou péléen[2] qui peuplent ce coin plutôt désert de l'Auvergne. Et c'est bien là que l'affaire devient éruptive, car les écologistes, qui se battent depuis près de trois ans contre Vulcania, ont fait appel à la volcanique Dominique Voynet.

« Descendre dans les entrailles[3] d'un volcan entre lave et fumées, tendre l'oreille aux craquements de l'écorce terrestre, respirer les odeurs d'un monde en fusion, etc. » Voilà ce que promettent – avec une mise en scène signée Rainer Verbizh, le scénographe de la Cité des sciences de la Villette, aidé par le paysagiste Gilles Clément – les tenants du projet. Ils espèrent accueillir, dans les cavernes et les souterrains de Vulcania, des dizaines de milliers de visiteurs en l'an 2000. Une vision née en décembre 1992 sous l'impulsion de VGE.

En juillet 1990, l'ancien chef de l'État s'était opposé à Vulcania, un projet des Krafft, stars du volcanisme, morts accidentellement en 1991. Ils voulaient creuser le puy de Dôme pour y loger leur temple dédié aux éruptions. Une hérésie! Le Vulcania de Giscard, qui a pris la précaution de s'entourer d'un comité de scientifiques, est adopté à l'unanimité, Verts compris, par le Conseil régional en décembre 1994. Pas pour longtemps. Dès 1995, les élus socialistes et écologistes trouvent d'abord l'addition trop salée. Le coût initial de 360 millions de francs atteint aujourd'hui 420 millions.

Les anti-Vulcania contestent surtout, dès 1995, le choix du site, dangereux selon eux pour les nappes souterraines[4]. Aujourd'hui, c'est toujours l'enjeu de la guerre, bien que les maîtres d'œuvre de Vulcania affirment prendre les précautions nécessaires. On attend désormais le résultat d'une contre-expertise hydrogéologique demandée par Dominique Voynet le 18 juillet. La veille, le préfet avait délivré le permis de construire, après plusieurs recours des opposants.

La ministre de l'Environnement peut-elle recaler le projet Giscard sans déclencher une tempête politique nationale? Difficile, surtout que les Auvergnats eux-mêmes sont loin d'y être opposés. 72 % d'entre eux y sont favorables, selon un sondage commandé par le conseil régional en décembre 1996.

« Les questions du sondage ne spécifiaient pas que Vulcania se trouverait dans la chaîne des Puys! » fulmine[5] Marcel Breugnot, du Comité de liaison des volcans d'Auvergne, en tête du combat contre ce qu'il appelle le « Giscardoscope ». Cet homme au physique sec répète que « la construction présente trop de risques pour les nappes phréatiques qui alimentent les sources de la cheire de Côme ».

Ici, dans le parc régional des volcans, les sources sont sacrées – Volvic[6] n'est pas loin – rappelant à chacun qu'elles représentent un capital à la fois naturel et économique. Le paysage et la pureté de l'air aussi. Vulcania voudrait attirer 500 000 visiteurs par an et leurs automobiles!

Le choix de Saint-Ours-les-Roches, en bordure ouest de la chaîne des Puys, ne concentre pas uniquement les critiques des associations de défense de l'environnement qui ont réuni une pétition de 18 000 signatures. Certains élus locaux aimeraient voir Vulcania déménager. Pour se rapprocher peut-être de leurs propres électeurs.

Sylvie O'DY,
Benjamin SPORTOUCH,
L'Express, 14/08/1997

---

1. Nom donné aux volcans d'Auvergne.
2. Du même type que le Stromboli (Italie) ou que la Montagne Pelée (Caraïbes).
3. Le ventre.
4. Nappes d'eau en sous-sol (nappes phréatiques).
5. Manifester sa colère.
6. Source et marque d'eau minérale.

5 Présentation des données du conflit

Recherchez dans le texte les informations qui permettent de compléter la fiche suivante.

a. Présentation du projet « Vulcania » (situation, détails du projet, conception et réalisation, public attendu, buts du projet, avantages et inconvénients).

b. Les acteurs du projet et de la polémique (regroupez les informations que le texte fournit à leur sujet : fonctions, motivations, opinions, etc.).

c. Historique du projet et de la polémique (reconstituez la chronologie des faits). *1990 :* Les Krafft, stars du volcanisme proposent le projet « Vulcania ».

6 Résumé du récit des faits

Rédigez en 8 à 10 lignes une synthèse de l'historique dont vous venez de noter les étapes. Faites de V. Giscard d'Estaing l'acteur principal de ce récit.

« C'est en 1992 que Valéry Giscard d'Estaing a lancé le projet Vulcania conçu par... Auparavant, l'ancien président de la République s'était opposé... »

7 Les emplois figurés

Expliquez les expressions ou mots suivants :

Paragraphe 1 : Vulcania est... *l'enfant chéri* de Valéry Giscard d'Estaing – l'affaire devient *éruptive* – la *volcanique* Dominique Voynet. **Par. 3 :** *une hérésie* – les écologistes *trouvent l'addition trop salée*. **Par. 4 :** les nappes souterraines sont l'enjeu de *la guerre*. **Par. 5 :** déclencher *une tempête politique*. **Par. 7 :** les sources représentent *un capital...*

8 Connaissances culturelles : la vie politique en France

a. Remettez dans l'ordre chronologique les 5 présidents de la République qui se sont succédé en France de 1960 à 1999 :
Jacques Chirac – Charles de Gaulle – Valéry Giscard d'Estaing – François Mitterrand – Georges Pompidou

Trouvez dans cette liste les points forts de la politique de chacun :
a. décolonisation ; **b.** développement industriel ; **c.** développement de l'arme atomique ; **d.** droit de vote à 18 ans ; **e.** fin de la guerre d'Algérie ; **f.** impulsion donnée à la construction européenne ; **g.** impulsion donnée au développement des régions ; **h.** indemnité aux chômeurs ; **i.** retraite à 60 ans ; **j.** régionalisation ; **k.** suppression de la peine de mort ; **l.** politique forte en faveur de l'emploi.

b. Comment sont désignés : le président de la République – le Premier Ministre – les ministres – les députés ?

c. Que signifie en politique : une période de cohabitation ?

Utiliser des métaphores et des expressions figurées

pour **mettre en valeur un propos.**

1 Sens et fonctions des métaphores

Dans les titres de presse suivants, recherchez:
– les métaphores, le domaine auquel elles appartiennent et le mot qu'elles remplacent.
– d'autres métaphores qui pourraient figurer dans l'article que le titre laisse supposer.

Exemple: 1. *accroc* (domaine du textile et de la couture) = mésentente. Autres métaphores: Les deux partenaires *avaient tissé* des relations d'entente. C'est l'annonce d'une *déchirure*. Vont-ils *laver leur linge sale en famille, renouer les fils*, etc.

1. Premier accroc dans la cohabitation entre le Président et le Premier ministre.

2. Le ministre de l'Environnement déclare la guerre aux automobilistes.

3. Après l'incident du 25 juin, la station spatiale MIR a retrouvé son énergie.

4. Trafic de drogues. Spectaculaire coup de filet de la police.

5. Le sacre du XV de France (équipe nationale de rugby).

6. Avec le musée Guggenheim, Bilbao s'offre une vitrine culturelle.

7. Patinage artistique. Surya Bonaly passe le flambeau à Laetitia Hubert.

2 Emplois métaphoriques du vocabulaire de la nature

a. Nature et psychologie.
Quel trait de personnalité révèlent les phrases suivantes?

Exemple: 1 : le courage

1. Annie s'est jetée à l'eau...

2. Benjamin est dans les nuages...

3. Céline est terre à terre...

4. Didier a fait des étincelles...

5. Émilie brûle de me connaître...

6. Frédéric déborde d'enthousiasme...

7. Gaëlle a un tempérament volcanique...

8. Henri est sur un petit nuage...

9. Isabelle ne manque pas d'air...

10. Jérémy se noie dans un verre d'eau...

b. Reliez les mots des deux tableaux pour en faire une expression métaphorique que vous emploierez dans une phrase.

Exemple: À Paris, le jardin du musée Rodin est un îlot de tranquillité.

un abîme – une avalanche – un bassin – un îlot – une cascade – les méandres – une oasis – un pic – une source – un torrent	une conversation – des emplois – la fraîcheur – des injures – la pollution – la perplexité – des rires – des problèmes – des questions – la tranquillité

3 Climat et relations humaines

À quels épisodes des relations entre deux personnes (couple, amis, etc.) ou entre deux groupes sociaux (politiques, syndicaux, profession-nels, etc.) vous font penser les mots et les phrases suivantes ?

Exemple : un coup de froid → les deux personnes se boudent, ne se voient plus ou ne se parlent plus. Les deux groupes ne sont plus solidaires, pren-nent leurs distances.

1. un coup de froid
2. un réchauffement
3. la chaleur
4. un orage (une tempête)
5. un tourbillon
6. une grêle

7. La glace est brisée.
8. Il s'est mouillé (jusqu'au cou).
9. Il est sur un terrain glissant.
10. L'atmosphère est étouffante.
11. C'est un courant d'air.
12. Cela fit l'effet d'un coup de tonnerre.

4 Mettre en valeur par l'utilisation de métaphores

Reformulez les phrases suivantes en remplaçant les mots en italique par des mots ou expressions appartenant au domaine indiqué.

Exemple : a. Luc Richard a été *un acteur* important...

a. Utilisez le vocabulaire du domaine du théâtre.

Luc Richard a été *un personnage* important de la vie politique. Ce grand juriste s'est longtemps situé *en retrait* du pouvoir mais *il a fait un travail capital* pour la réforme du code pénal. À la fin des années 70, ses prises de position contre la peine de mort *avaient eu un grand retentissement auprès des médias et du grand public.*

b. Utilisez le vocabulaire de la peinture.

Dans ses romans de la « Comédie humaine », Balzac *fait un vaste panorama* de la société de son temps. On y trouve *une succession* de personnages qui sont *décrits* avec précision.

c. Utilisez le vocabulaire du domaine de l'agriculture.

Je pense pouvoir rédiger rapidement ma thèse sur les rites de mariage à tra-vers le monde. Pendant trois ans, *j'ai fait de nombreuses études préparatoires* et *j'ai réussi à obtenir* pas mal de renseignements au cours de mes voyages. C'est un travail *auquel je réfléchis* depuis cinq ans. Mais j'ai actuellement beaucoup trop de matière. Il me faudra *supprimer certains développements.* Un ami éditeur m'a promis de le publier. J'espère ainsi *que mon travail sera récompensé.*

Fêtes : la France s'éclate

Nos nuits de fin de millénaire risquent d'être plus belles que nos jours. Dieu des délires et des délices, Dionysos est paraît-il de retour, et nous intime de jouir du moment présent. On se bouscule comme jamais dans les fest-noz. On transpire dans les raves. On festoie dans les repas de quartier. On guinche dans les férias. On défile sous des dragons de papier au nouvel an chinois. On se noie dans la bière à la Saint-Patrick. On se grime pour Halloween. Peu importe le flacon – drapeau tricolore, rayons laser ou citrouille – pourvu qu'on ait l'ivresse. Il y a dans l'air comme une irrésistible pulsion jubilatoire. Elle saisit toutes les occasions pour faire la nique[1] à la morosité, métissant le calendrier, mondialisant la réjouissance.

« *Une époque s'achève*, constate le sociologue Michel Maffesoli [...]. *Désormais on vit dans la rage dionysiaque du temps présent. Comme au Moyen Âge, on s'éclate sans se projeter dans le futur. Une formidable vitalité s'exprime dans ce besoin d'être ensemble, de se rassembler dans quelque chose qui s'épuise avec l'acte même. Une sorte d'effervescence lucide. L'époque n'est plus à la dialectique, au drame bourgeois qui comporte toujours une solution. Mais à la tragédie : on fait avec ce qu'on a, parce qu'il n'y a pas d'issue. Jusqu'à la musique qui en rend compte : contrairement au classique ou au jazz, qui ont marqué l'ère moderne, la techno est profondément tragique. C'est une musique sans progression, la répétition d'un même thème en spirale.* »

Signe de décadence ? Allégresse morbide ? Peut-être. Mais dans cette frénésie se cachent aussi les prémices d'une idée. Les politiques et intellectuels glosent sur la « misère du monde ». Quand un seul mot d'ordre semble agiter les jeunes générations : *Carpe Diem*[2]. La fête est devenue une revendication politique. L'année dernière, après la fermeture de cinq boîtes de nuit, des milliers de personnes sont descendues dans la rue aux cris de « *la fête n'est pas un délit* ». « *Danser, c'est avancer* », hurleront-ils bientôt, encore plus nombreux, lors de la première Love Parade parisienne, le 19 septembre [...].

Pour attirer les foules, il faut désormais trouver le « concept », le « thème », « créer l'événement », qui rendra la soirée extraordinaire, au sens littéral du terme. Acte éphémère par définition, la fête requiert cependant autant de maîtrise et de matériel qu'une activité pérenne. C'est un métier, et il est en plein boom. On ne compte plus les organisateurs de soirées, les promoteurs ou les metteurs en fête. Il y a quinze ans, quand Marie-Hélène Boiteux ouvrait l'agence et la boutique Fête la fête, elle était la seule de son genre à Saint-Tropez. « *C'était encore l'époque Bardot*[3] raconte-t-elle. *La fête démarrait impromptue au Bar de l'Escale, après l'apéritif, les pieds nus...* » Les réjouissances collectives se préparent aujourd'hui quelque quinze jours à l'avance autour des piscines privées, sous la houlette experte d'un professionnel [...].

Fêtes futiles contre fêtes utiles. Car à l'inverse la fête est aussi devenue aujourd'hui une manière d'œuvrer pour la collectivité. Une forme d'action sociale. [...] À Marseille, la Fiesta du Sud, qui attire chaque année en octobre près de 45 000 personnes, s'est installée sur le port de la Joliette. « *Nous avons voulu créer un véritable festival urbain*, dit l'une des organisatrices, Florence Chastagnet. *En adéquation avec la ville, son histoire et son métissage.* » Pendant un mois, beurs des quartiers Nord et bourgeois du Sud, dockers ou intellos branchés viennent écouter ensemble « toutes les musiques du monde », manger des tapas dans des bodegas improvisées, danser sur des airs de salsa ou de raï. La fête est aujourd'hui un élément incontournable de toutes les politiques de la ville. Au même titre que les opérations anti-été chaud ou les rénovations de cages d'escalier. Tentative (ou illusion ?) pour reconstruire une ville plus fraternelle.

Finalement, la fête est parée de toutes les vertus. C'est la nouvelle panacée. La potion magique pour faciliter la coexistence entre les communautés, lutter contre la violence dans les banlieues ou briser la solitude des citadins. Par exemple, à Paris ou en province, depuis quelques années, les « repas de rue » (agapes entre voisins sur le trottoir, sur une place ou dans une impasse) se multiplient. À tel point qu'une Journée nationale des Repas de Quartier est prévue pour le printemps prochain.

Chantal De Rudder et **Marie-France Etchegoin**,
Le Nouvel Observateur, 23 juillet 1998

1. Faire la nique : lancer un défi.
2. Expression latine : « Profite du présent ! »
3. Dans les années 60 et 70, Saint-Tropez sur la Côte d'Azur était un lieu à la mode où les célébrités aimaient faire la fête. L'actrice Brigitte Bardot qui possède une résidence à Saint-Tropez a contribué à lancer cette mode.

Faites une première lecture rapide du texte.

Étudiez ensuite le texte paragraphe par paragraphe en répondant aux questions posées et en complétant le tableau ci-dessous.

Caractéristiques de la fête	Fonctions de la fête
Multiplication des moments de fête	Combattre la morosité
Caractère païen (Dionysos)	....
....	....

• *Paragraphe 1*

Remarque : Il y a deux allusions littéraires dans ce paragraphe. Racine (dramaturge du XVIIe siècle), en vacances dans le Midi, écrivit à un cousin cette belle phrase : « ... et nous avons des nuits plus belles que vos jours ». Le vers célèbre « Qu'importe le flacon pourvu qu'on ait l'ivresse » est d'Alfred de Musset (poète du XIXe siècle).

a. Donnez des précisions sur les fêtes qui sont énumérées. Expliquez (si c'est nécessaire) le verbe qui les introduit.

Exemple : fest-noz (fête bretonne) – se bousculer (les fêtes traditionnelles sont très populaires en Bretagne).

b. Expliquez d'après le contexte : Dionysos – intimer – jubilatoire – métisser le calendrier – mondialiser la réjouissance.

• *Paragraphe 2*

Expliquez la comparaison entre la fête d'aujourd'hui et la tragédie.

• *Paragraphe 3*

Expliquez d'après le contexte ou d'après le mot de la même famille donné entre parenthèses : morbide (mort) – frénésie (frénétique) – prémices (premier) – gloser – descendre dans la rue.

• *Paragraphe 4*

Expliquez d'après le contexte : requérir (il requiert) – pérenne – en plein boom – metteur en fête (mot créé par l'auteur) – sous la houlette de…

• *Paragraphe 5*

a. Relevez ce qui fait de Marseille « une ville du métissage ».

b. Expliquez : incontournable – les opérations anti-été chaud.

• *Paragraphe 6*

Expliquez : parer (parure – paraître) – panacée (d'après le contexte) – agapes (d'après le contexte).

Donnez les principales caractéristiques des fêtes suivantes, telles qu'elles se déroulent en France : Noël – 1er janvier – Mardi gras – Pâques – 1er mai – 14 juillet – Toussaint.

Exemple : Noël : cadeaux aux enfants – réveillon la veille – fête familiale – sens religieux encore fort pour les chrétiens, même pour les non-pratiquants.

Maîtriser les formes du discours rapporté, savoir choisir les verbes introducteurs et préciser le ton des paroles citées *pour* rapporter les paroles de quelqu'un.

1 Façons de dire

a. Classez les 36 verbes de la liste selon leur sens général. Trouvez quatre verbes par catégorie.

• Dire la même chose que ce qu'on a dit : 27 – 28...

• Dire le contraire de ce qu'on a dit : ...

• Dire la même chose que ce que quelqu'un a dit : ...

• Dire le contraire de ce que quelqu'un a dit : ...

• Dire avec assurance : ...

• Dire à tout le monde : ....

• Dire en parlant fort : ...

• Dire en parlant bas : ...

• Donner un ordre : ...

1. acquiescer	7. chuchoter	13. se dédire	19. glisser à l'oreille	25. ordonner	31. répéter
2. adhérer	8. commander	14. démentir	20. hurler	26. publier	32. ressasser
3. affirmer	9. confirmer	15. désavouer	21. murmurer	27. rabâcher	33. se rétracter
4. approuver	10. contredire	16. divulguer	22. nier	28. redire	34. signifier
5. assurer	11. crier	17. s'écrier	23. notifier	29. réfuter	35. souffler
6. certifier	12. crier sur les toits	18. s'exclamer	24. s'opposer	30. répandre	36. soutenir

b. Quel verbe de la liste utiliseriez-vous pour rapporter les phrases suivantes ?

Exemple : (1) Il *adhère* entièrement à cette façon de voir les choses.

1. *Au cours d'un débat :* « Je suis entièrement d'accord avec cette façon de voir les choses. »

2. *Un chanteur célèbre :* « Je vous l'ai déjà dit, je quitte la scène après cette tournée. »

3. *Un homme politique aux journalistes :* « Contrairement à ce qu'ont écrit certains journaux, je ne serai pas candidat à la présidence de la République. »

4. *Un enfant :* « Non, ce n'est pas moi qui ai cassé la vitre. »

5. *Une femme à son mari (au téléphone) :* « Oui, c'est ça. Je rentre bien par le vol de 20 heures. »

6. *Un directeur à un employé :* « Monsieur Bernard, je vous annonce que vous êtes renvoyé de cette entreprise. »

7. *Un député aux autres membres de son parti :* « Vous avez décidé de voter la loi sur la Sécurité sociale. Je ne vous suivrai pas dans cette voie. »

2 Le discours rapporté

Deux alpinistes ont failli périr lors de l'ascension d'un des sommets de l'Himalaya. Un journaliste interroge l'un d'entre eux. Il rapporte ensuite fidèlement sa conversation à l'un de ses confrères. Rédigez ce qu'il dit.

Exemple : Je lui ai demandé comment il se sentait. Il m'a…

J : Comment vous sentez-vous aujourd'hui ?

A : En pleine forme. J'ai bien récupéré.

J : La préparation de votre expédition était-elle suffisante ?

A : Nous avions fait trois mois de préparation. Tout était prévu. Mais nous avons joué de malchance.

J : Que comptez-vous faire maintenant ?

A : D'abord, je vais me reposer pendant un mois. Puis, nous commencerons la préparation de notre prochaine expédition.

J : C'est pour quand ?

A : Nous partirons en juin. Mais cette fois, le matériel radio sera au point.

J : C'est indiscret de vous demander où vous irez ?

A : Oui. Nos sponsors nous l'interdisent.

J : Est-ce que ce ne serait pas dans les Andes par hasard ?

A : Peut-être. Mais gardez-le pour vous.

3 Caractériser le ton des paroles rapportées

À partir du récit de Pierre, imaginez le dialogue entre Pierre et son ami François.

Exemple : Pierre : On donne une petite soirée pour l'anniversaire de Marie. Ça nous ferait plaisir que tu sois des nôtres.

Pierre (à Marie) : « Figure-toi que ce matin, j'ai vu François. Je l'ai invité gentiment et poliment à ton anniversaire. Il m'a répliqué sèchement qu'il n'en était pas question. Je lui en ai demandé les raisons. Il a bredouillé de vagues excuses, comme quoi il avait des tas de choses à faire en ce moment et qu'il n'avait pas envie de sortir. Alors je l'ai poussé dans ses retranchements. Et il a fini par m'avouer que c'était à cause de Didier ; qu'il ne le supportait pas. J'ai eu le malheur de lui rétorquer que Didier était un garçon sympa. Et alors là, je te dis pas, c'était comme si j'avais agité un chiffon rouge devant un taureau. Il a démoli Didier avec une violence ! Que Didier manquait totalement de savoir-vivre, que c'était un mufle, qu'il était intolérant… »

Le développement du nucléaire : folie ou raison ?

Georges Charpak, prix Nobel de physique 1992, pense que l'énergie nucléaire est le meilleur moyen d'assurer l'avenir énergétique de la planète. Il s'en explique à l'hebdomadaire Le Point.

Le Point : Risques d'accident du type Tchernobyl, déchets radioactifs dont on ne sait quoi faire, menaces de prolifération de l'arsenal atomique, terrorisme… Ne vaut-il pas mieux faire une croix sur le nucléaire ?

G. Charpak : Le nucléaire, c'est comme le feu. On n'a pas désinventé le feu, on ne va pas désinventer le nucléaire ! Mais il faut absolument séparer le nucléaire civil du nucléaire militaire. Il est évident que le nucléaire civil n'est pas fini. En 1950, il y avait 700 millions d'urbains et il y en aura 5 milliards en 2025. Or ces 5 milliards d'hommes voudront des rues éclairées, des télévisions… Comment va-t-on pouvoir satisfaire leurs besoins en énergie ? Vous ne pouvez que sourire si l'on vous dit que l'on va faire ça avec le solaire ou avec la biomasse[1].

Le Point : Il existe tout de même des ressources énergétiques, autres que le nucléaire, considérées comme plus sérieuses que les énergies dites « renouvelables », qui ont la faveur des écologistes.

G. Charpak : Même le charbon est une ressource limitée dans le temps. Environ un siècle. En plus, il présente des dangers, tel celui de l'effet de serre[2], que j'ai moi-même traité longtemps avec légèreté. Mais, lorsque j'ai réalisé que les Chinois, en l'an 2025 ou 2050, rejetteront huit fois plus de CO_2 dans l'atmosphère que l'ensemble du monde industriel actuel, j'ai compris qu'il allait falloir se rouler à leurs pieds pour leur dire : « Achetez des centrales nucléaires – françaises si possible ! – Arrêtez de faire les idiots ! » Le charbon, on peut continuer de s'en servir pour faire la synthèse de produits chimiques. Mais le brûler comme ça, bêtement, c'est une absurdité écologique.

Le Point : Il n'empêche que le nucléaire continue de faire peur, notamment en Europe occidentale…

G. Charpak : Le nucléaire présente certainement des dangers, mais si on les aborde autrement qu'en étant superstitieux, ce n'est pas quelque chose de terrifiant. Ce n'est pas plus dangereux que les autres sources d'énergie – sans parler d'autres dangers. Voyez Tchernobyl : de 30 000 à 50 000 victimes dans les cinquante ans à venir. Mais le tabac, c'est 3 millions de morts par an actuellement, et 10 millions par an dans une décennie seulement, à cause de la montée en flèche de la consommation dans les pays sous-développés, grâce à l'activisme des multinationales américaines ! Quant à la récente étude épidémiologique trouvant un sur-risque de leucémie à la Hague[3], c'est une vaste blague. Si, en tant que physicien, j'appliquais les mêmes critères statistiques que les épidémiologistes, je pourrais annoncer une grande découverte chaque semaine.

Le Point : Mais alors, quel type de nucléaire préconisez-vous pour le XXIᵉ siècle ?

G. Charpak : Tchernobyl, c'est quand même le nucléaire de papa. […] Les nouvelles centrales bénéficient d'une évolution scientifique très encourageante, contrairement à une idée reçue. Les experts nucléaires sont les premiers responsables de l'illusion que le nucléaire est scientifiquement et techniquement figé. Parce qu'ils rejetaient, jusqu'à il y a très peu de temps, des gens comme Carlo Rubbia, qui se pointait en disant : « Ce que vous faites, c'est ringard ; moi je sais faire ça mieux… » Alors qu'aujourd'hui ce physicien des particules, ex-patron du CERN à Genève, met sur la table un projet de centrale nucléaire au thorium qui exploite la fission, mais sans risque de s'emballer[4]. Le risque d'accident est nul. Nos experts le prennent enfin au sérieux. Parce que les centrales de Rubbia produiraient beaucoup moins de déchets que les centrales actuelles et qu'elles pourraient même brûler les déchets des autres centrales.

Le Point : Mais c'est pour quand, cette technologie miracle ? Dans deux ou trois siècles ?

G. Charpak : Non, non ! En l'an 2003, il y aura une centrale de ce type, de 100 mégawatts, qui va marcher en Europe ! Parce que rien n'arrête Rubbia.

Le Point : Alors, pourquoi ça n'a pas très bien marché auprès des nucléocrates ?

G. Charpak : Parce que ce n'est pas eux qui l'ont inventée. […] La première réaction des experts nucléaires devant les projets de Rubbia a été typiquement corporatiste. […]

Le Point : Après les ingénieurs, comment convaincre les écologistes ?

G. Charpak : En matière de nucléaire, la superstition la plus totale règne. Les morts attribués à Tchernobyl font beaucoup plus d'effet psychologique que les 3 millions de morts par an du tabac. Quand Greenpeace nous harcèle à propos de la contamination radioactive des essais nucléaires à Mururoa[5], je ne suis pas d'accord. La contamination à Mururoa était nulle. Il y en a marre de vivre sous l'empire de la propagande. Savez-vous que la combustion du charbon libère de l'uranium et du thorium radioactifs ? […]

Propos recueillis par
Frédéric Lewino et **Antoine Peillon**,
Le Point, 18/01/1997.

---

1. Ici les végétaux vivants ou fossiles (charbon, pétrole, gaz).
2. Réchauffement de la planète dû à la concentration de gaz carbonique (CO_2). **3.** Usine de traitement des déchets nucléaires. L'enquête dont parle G. Charpak ne serait pas probante car elle a été menée sur un trop petit nombre de cas. **4.** Sans risque qu'elles ne puissent plus s'arrêter. **5.** Île du Pacifique où se déroulent les essais nucléaires français (ces essais ont été arrêtés en 1996).

4 Compréhension du vocabulaire du texte

Lisez le texte en vous aidant des définitions suivantes pour la compréhension des mots difficiles.

• *Paragraphe 1*: développement rapide et anarchique – armements – abandonner, oublier – population des villes.

• *Paragraphe 2*: sources d'énergie qui seront toujours disponibles (soleil, vent, marées) – prier, supplier (expression imagée).

• *Paragraphe 3*: accroissement rapide (expression imagée) – une plaisanterie.

• *Paragraphe 4*: archaïque (emploi imagé) – immobile, qui ne progresse plus – arriver, se montrer (verbe familier) – dépassé (adjectif familier).

• *Paragraphes 5, 6, 7*: le lobby de l'industrie nucléaire – qui défend aveuglément les intérêts de sa profession – attaquer sans cesse – il y en a assez (expression familière).

5 Compte rendu objectif de l'interview

Vous travaillez pour un autre journal que *Le Point* et vous êtes chargé de faire un bref compte rendu de l'interview de Georges Charpak.

Regroupez les arguments de Georges Charpak autour des trois préoccupations suivantes:

– Le nucléaire est-il dangereux?

– Il existe d'autres sources d'énergie qui peuvent se substituer au nucléaire.

– Le nucléaire est-il indispensable?

6 Connaissances culturelles: les sources d'énergie en France

Voici quelques questions auxquelles devrait pouvoir répondre tout Français moyennement cultivé.

1. Quand et pourquoi la France a-t-elle décidé de se doter d'un armement nucléaire?

2. Quand et pourquoi a-t-elle décidé de construire des centrales nucléaires à but civil (production d'électricité)? L'énergie nucléaire est-elle d'une grande importance pour la France?

3. Quelles étaient les principales sources d'énergie au milieu du XXe siècle? Dans quelles régions trouvait-on cette énergie? Ces régions sont-elles encore productrices d'énergie?

4. Quelles sont les principales propositions faites par les écologistes en matière de production et d'économie d'énergie? Certaines de ces propositions ont-elles été mises en œuvre?

Exprimer des états psychologiques agréables ou désagréables, réagir face à des situations *pour* exprimer des sentiments.

1 Expression des états agréables

Exprimez ce qu'ils éprouvent en choisissant parmi les sentiments de la liste et en utilisant la forme indiquée entre parenthèses.

Exemple : a. Je suis serein.

a. Je viens de terminer la dernière épreuve de mon examen. Tout a bien marché. Pour le résultat, je… (*être + adjectif*).

b. Ils viennent de faire une croisière magnifique sur le Nil.
Ils… (*être + participe passé*).

c. Hier, j'ai rencontré Stéphanie que je n'avais pas vue depuis longtemps.
J'… (*éprouver + nom*) à la revoir.

d. Paul et Lucie viennent d'avoir l'enfant qu'ils espéraient depuis longtemps.
Ils… (*ressentir + nom*).

e. La direction a été très conciliante.
Les négociations… (*donner + nom*) aux syndicats.

f. Florence était un peu éteinte. Elle a bu deux verres de champagne.
Ça… (*rendre + adjectif*).

g. Les Durand ont quitté la ville pour s'établir en pleine campagne.
Ils… (*se sentir + nom*) avec la nature.

h. Ce matin, Thierry m'a raconté une histoire à mourir de rire.
Cela… (*rendre + adjectif*) pour toute la journée.

i. Julien était particulièrement stressé par son travail.
Depuis qu'il fait du yoga, il… (*ressentir une impression + nom*).

> *le bien-être*
> *le bonheur*
> *le contentement*
> *l'enchantement*
> *l'équilibre*
> *l'euphorie*
> *l'harmonie*
> *la gaieté*
> *la joie*
> *le plaisir*
> *la satisfaction*
> *la sérénité*

2 Expression des états désagréables

Exprimez les conséquences de ces situations en choisissant parmi les sentiments de la liste. Utilisez les formes indiquées entre parenthèses.

Exemple : a. Ça lui cause du chagrin.

a. Son chat est mort. Ça… (*causer + nom*).

b. Malgré l'aide de ses parents et les leçons particulières qu'on lui donne, Arthur travaille mal à l'école. Ça… (*verbe*) ses parents.

c. Jérémy est amoureux de Flore. Mais Flore ne s'intéresse pas à lui. Ça… (*rendre + adjectif*).

d. Carole vient de s'installer à Paris dans un petit studio sombre avec vue sur un mur sans fenêtre. Vivre dans cet appartement… (*verbe*).

e. Les Verdeil étaient invités chez des amis avec leur fils. Celui-ci s'est très mal conduit. Il... (*faire + nom*).

f. Jacques espérait obtenir une promotion professionnelle. Il ne l'a pas eue. Il... (*être + participe passé*).

g. Arielle qui a un bac + 5 n'a trouvé qu'un poste d'assistante de secrétariat. Cette situation... (*verbe*).

le chagrin
la déception
la dépression
le désespoir
la honte
l'insatisfaction
le malheur
le mécontentement
la peine
la tristesse

3 Expression de l'inquiétude et de la peur

Quel sentiment éprouve-t-on dans les situations suivantes ? Donnez les deux verbes ou expressions verbales liés à ces sentiments (éprouver le sentiment – causer le sentiment).

Exemple : a. le trac – avoir le trac – donner le trac

a. Un artiste peu sûr de lui entre en scène.

b. Il a cru apercevoir un fantôme dans son grenier.

c. Alors qu'elle roule à 180 km/h, elle aperçoit les gendarmes dans son rétroviseur.

d. Il attend les résultats d'un examen médical.

e. Pendant son sommeil, elle fait un affreux cauchemar.

f. Il vit sous un régime politique tyrannique.

g. À la télévision, on montre les victimes d'un massacre.

h. Dans le cinéma, quelqu'un a crié « Au feu ! » Mais Luc ne trouve pas la sortie de secours.

i. Il accumule les dettes et ne voit aucune perspective de s'en sortir.

l'affolement
l'appréhension
l'anxiété
l'épouvante
la frayeur
l'horreur
l'inquiétude
la panique
les soucis
la terreur
le trac

4 Réactions

Voici ce que certains de vos amis ou parents vous ont écrit. Quelle serait votre réaction ? Rédigez la phrase que vous écririez en réponse à leur lettre pour les conseiller, les rassurer, les modérer, les mettre en garde, etc.

Exemple : a. « Je voudrais te mettre en garde contre les risques que tu vas courir. »

a. Un jeune cousin qui n'a jamais fait d'alpinisme a l'intention de faire l'ascension du Mont Blanc avec des amis.

b. Une amie qui a un poste important dans une entreprise veut démissionner (sans espoir d'être réengagée) pour passer un an à voyager.

c. Une jeune violoniste vient d'obtenir un premier prix de Conservatoire mais elle hésite à se lancer dans une carrière de musicienne.

d. Un adolescent passionné de courses automobiles néglige son travail scolaire et se persuade qu'il sera un jour champion de Formule 1.

e. Votre meilleur ami vous fait part de son inquiétude. Il n'a pas reçu de vos nouvelles depuis plusieurs mois.

La surpopulation est un mythe

L'hebdomadaire Le Point *interroge Hervé Le Bras, directeur du laboratoire de démographie historique au C.N.R.S. (Centre National de la Recherche Scientifique).*

Le Point: Depuis que les astronautes du programme Apollo l'ont photographiée de la Lune, la Terre, berceau de l'humanité, a sérieusement rétréci dans notre imaginaire. Elle apparaît désormais comme un monde clos, terriblement limité, fragile. Le démographe que vous êtes partage-t-il ce sentiment?

Hervé Le Bras: Pour moi, pour les démographes en général, ça n'a pas été une surprise. En remettant la Terre à sa place dans le cosmos, Galilée avait déjà suscité cette prise de conscience. [...] Au XVIIe siècle, l'arithméticien William Petty, en qui Marx voyait le précurseur de l'économie politique, calcule ainsi qu'un doublement tous les 360 ans pendant 2 000 ans mène à une population mondiale de 12 milliards d'humains. Au moment où l'on atteindra ce chiffre, ce sera, dit-il, l'apocalypse! Les démographes ont du mal à s'abstenir de l'idée préconçue qu'à un moment donné la Terre aura fait le plein et que viendra alors le Jugement dernier. C'est une idée issue de la Renaissance, que la science perpétue en la parant de l'argument d'autorité des chiffres. Mais ces chiffres sont un mythe. [...]

Le Point: La question de la population limite est-elle vraiment sans fondement?

Hervé Le Bras: En 1913, Paul Leroy-Beaulieu répondait à votre interrogation par la parabole des trois Malthus[1]. À l'âge de pierre, expliquait-il, Malthus aurait estimé la limite à une personne pour 10 kilomètres carrés. Une plus forte densité aurait, en effet, entraîné l'épuisement du gibier, des baies et des racines sauvages qui constituaient l'ordinaire des chasseurs cueilleurs. Quelques millénaires plus tard, tombant chez les pasteurs, il aurait donné une densité limite de 2 à 5 habitants par kilomètre carré. Au-delà, les troupeaux deviendraient trop nombreux pour trouver une pâture. Enfin, pour un village agricole de l'Europe classique, Malthus aurait calculé la densité limite autour de 100 personnes par kilomètre carré. Dans aucun de ces trois cas il n'aurait eu tort, mais... il se serait trompé chaque fois en oubliant la capacité d'évolution technique des sociétés humaines. La population limite ne peut être donnée que pour un lieu donné, à un moment donné, avec une technologie donnée. [...]

Le Point: Mais ce n'est pas totalement idiot, le pétrole viendra bien à manquer un jour, non?

Hervé Le Bras: Un jour peut-être, mais quand? Regardez la courbe de croissance de la consommation mondiale de pétrole, et comparez-la à celle des réserves prouvées. Il est remarquable que les réserves s'accroissent à peu près au même rythme que la consommation! De 4,2 milliards de tonnes de réserves en 1939, on passe à 10,5 milliards en 1950, à 95 en 1975 et à 138 aujourd'hui. La panne sèche n'est pas pour demain, même si la Chine, l'Inde et l'Afrique se mettent à consommer à leur tour autant que nous. Et je ne vois pas pourquoi elles n'y auraient pas droit. Qu'on le veuille ou non, d'ailleurs, elles le feront. Alors aidons-les à s'équiper de centrales moins gourmandes en énergie et moins polluantes.

Le Point: En va-t-il de même pour les ressources agricoles, les fameuses «subsistances» chères au cœur des démographes?

Hervé Le Bras: En fait, l'Histoire montre que le monde agricole, trop souvent présenté comme rétrograde et conservateur, est, au contraire, un monde d'innovations permanentes. En ce domaine, l'ingéniosité humaine est remarquable. Prenez les rendements en céréales à l'hectare. En France, la moyenne s'élève à 80 quintaux à l'hectare, avec des pics à 120, voire 150 quintaux, contre 10 en moyenne pour toute l'Afrique noire. La marge de progrès est de 1 à 8, c'est considérable! En Inde, la révolution verte a été largement réussie. Les grandes famines ont disparu. Même au Bangladesh. Il n'y a aucune raison technique pour que l'Afrique n'assure pas demain sa propre subsistance. Demain, les biotechnologies et la génétique apporteront une contribution décisive à l'amélioration des rendements.

Le Point: À vous écouter, la démographie apparaît comme une discipline profondément marquée par des préjugés idéologiques...

Hervé Le Bras: Avec l'effondrement du monde communiste et la fin de la guerre froide, le péril atomique a été repoussé vers la monstruosité, et c'est la peur de la «bombe P» qui revient au premier plan. Inquiétude devant la croissance rapide de l'Afrique; inquiétude face aux dépenses croissantes d'énergie et à la pollution; inquiétude devant les changements climatiques consécutifs à l'activité humaine. Le démon démographique a remplacé le démon atomique. Démon au sens du physicien Maxwell, c'est-à-dire une main invisible organisant et orientant tous les processus.

Propos recueillis par **Hervé Ponchelet**,
Le Point, 18/07/1998

---

1. Économiste anglais qui a développé l'idée que l'humanité augmente plus vite que les ressources qu'elle produit.

5 Compréhension du texte

a. Lisez le texte en vous aidant des définitions suivantes pour la compréhension des mots et expressions difficiles.

• *Question/réponse 1 :* se réduire – scientifique spécialisé dans l'étude des populations – le point de départ – courant d'idées et de recherches – celui qui a réalisé quelque chose avant les autres – avoir des difficultés à… – la fin du monde – embellir (ici, embellir pour rendre plus crédible).
• *Question/réponse 2 :* justification – récit symbolique – éleveurs de bétail.
• *Question/réponse 4 :* qui refuse le progrès – cent kilos – nourriture.

b. Reconstituez l'argumentation que conteste Hervé Le Bras (cette argumentation est suggérée par les questions du journaliste et dans le dernier paragraphe).

c. Notez les principaux points de l'argumentation d'Hervé Le Bras.

6 Expression des sentiments et argumentation

Votre journal local qui fait une enquête sur l'avenir de la planète vous pose par écrit la question suivante : « Ne craignez-vous pas que l'accroissement constant de la population du monde ne débouche sur une série de catastrophes ? »
Faites une réponse argumentée en utilisant vos propres arguments et ceux d'Hervé Le Bras. Vous exposerez vos propres sentiments et ceux de vos contradicteurs en exprimant l'inquiétude et la sérénité, la méfiance et la confiance. Selon le cas, vous dramatiserez vos propos ou rassurerez vos lecteurs.

7 Connaissances culturelles : la population française

a. Histoire de la population en France.

Au cours de son histoire, l'Hexagone a été un lieu de brassage permanent de populations. Quels peuples ont eu une grande influence sur la population et sur la culture de l'espace actuel de la France :
1) Au Ier siècle après J.C. ? 2) Aux Ve et VIe siècles après J.C. ? 3) Du Xe au XIIIe siècle ? 4) Dans les années 1930 ? 5) De 1945 à aujourd'hui ?

b. Influences linguistiques.

1. Quelle est l'origine de la langue française ?
2. Quelles sont les autres langues qui l'ont influencée au cours des siècles ?

c. Donnez approximativement le chiffre actuel de la population française.

d. Les groupes sociaux suivants sont-ils en augmentation / en diminution… forte / faible ?

1. Les nouveau-nés. 2. Les jeunes de 18 à 25 ans. 3. Les personnes âgées.
4. Les immigrants en provenance des anciennes colonies françaises.
5. Les immigrants en provenance de l'Union Européenne.

Exprimer des impressions et des opinions esthétiques

pour **commenter une œuvre littéraire ou artistique.**

1 L'idée de représentation

Complétez avec le vocabulaire du tableau.

• Le célèbre tableau de Picasso « Guernica » .... un épisode de la guerre civile espagnole. Mais le peintre ne .... pas la guerre d'une manière réaliste. Il veut avant tout .... un sentiment d'horreur.

Dans ce tableau l'image d'un taureau .... la bestialité humaine.

La nudité et la déformation des personnages .... de la condition tragique des hommes. Cette idée est aussi .... par l'enchevêtrement des figures.

• Le personnage de Faust de Goethe .... la dualité de la condition humaine sans cesse partagée entre le bien et le mal. Dans l'œuvre de Goethe, le mal .... dans le personnage de Méphistophélès qui est prêt à satisfaire toutes les convoitises de Faust.

Mais Méphistophélès n'est pas seulement .... du démon. C'est aussi .... de l'homme libre de toute contrainte morale ou religieuse.

> • **Pour dire que quelque chose représente quelque chose.**
>
> *Cette image représente, évoque, figure, exprime…*
>
> *Cet objet symbolise…*
>
> *C'est l'expression de…, l'image de…, le symbole de…, la figure (emblématique) de…, le modèle de…, l'archétype de…, le reflet de…*
>
> *Ce personnage incarne, personnifie…*
>
> • **Pour dire que quelque chose est représenté par quelque chose.**
>
> *(1) Les verbes ci-dessus à la forme passive : cette idée est représentée, évoquée, figurée, symbolisée par…, etc.*
>
> *(2) Cette idée se matérialise dans/par…, se concrétise dans/par…, s'incarne dans…, se traduit par…, est rendue par..*

2 L'idée d'harmonie

Complétez avec les mots de la liste.

a. La couleur de sa cravate est parfaitement .... à celle de sa chemise. Le jaune .... bien avec le noir ou le rouge.

b. La plupart des partis politiques .... pour dire qu'il faut protéger l'environnement. Mais leurs idées sur les moyens d'y parvenir ne .... pas.

c. Dans les années soixante, les décors des pièces de théâtre étaient souvent peints dans .... de gris. Ces couleurs tristes ne .... plus à l'esthétique d'aujourd'hui.

d. J'ai écouté une conférence sur l'œuvre de Picasso. Le conférencier a parfaitement su .... l'évolution de cette œuvre avec l'histoire de l'art du XXe siècle.

> • *un accord – (s')accorder avec…*
> • *une adéquation – être en adéquation avec…*
> • *la cohérence – être (mettre) en cohérence avec…*
> • *la concordance – concorder*
> • *la correspondance – correspondre*
> • *La conformité – se conformer à… – être en conformité avec…*
> • *l'harmonie – (s') harmoniser*
> • *un mariage (se marier avec…)*
> • *convenir*
> • *être assorti à…*

e. Les dramaturges du théâtre de l'absurde comme Ionesco ou Beckett ne se sont pas .... aux règles du théâtre traditionnel. Mais la forme qu'ils ont donnée à leurs pièces était .... avec les préoccupations de leur époque. Elle .... au sentiment général de l'absurdité de la condition humaine suscité par la Deuxième Guerre mondiale et la Guerre froide.

3 | Les effets de l'œuvre sur le lecteur ou le spectateur

En pensant à différentes œuvres littéraires, théâtrales, artistiques, etc. que vous connaissez, complétez les phrases suivantes.

Exemple : « Le poème de Verlaine "Après trois ans..." éveille en moi des souvenirs d'enfance... »

Ce poème, ce roman, cette pièce, ce tableau, ce personnage...

suscite...   ... des images

éveille...   ... des souvenirs

provoque...   ... des sentiments

nous entraîne dans (vers)...   ... des réflexions

soulève...   ... des comparaisons

bouleverse (remet en question)...   ... etc.

4 | Opinions

Rédigez une critique de film qui soit en contradiction complète avec celle-ci (totalement imaginaire)

Exemple : Le nouveau film de... s'annonce comme un chef-d'œuvre du cinéma français. Sur un sujet particulièrement original...

Contre-plongée de José Piranha : un naufrage complet.

Le nouveau film de José Piranha *Contre-plongée* ne rehausse pas le niveau du cinéma français. Sur un sujet d'une désespérante banalité, l'auteur a bâti une intrigue sans rebondissements et qui traîne en longueurs. Des personnages falots et sans consistance psychologique s'embourbent dans des dialogues lourds, convenus et bourrés de clichés. La mise en scène est statique et sans recherches, les décors indigents, les éclairages sinistres.

Comment un tel propos aurait-il pu inspirer les acteurs ? Regards inexpressifs, gestes mécaniques, Marie Brochet manque totalement de présence. Alain Belon, visiblement mal à l'aise dans un rôle qui n'est pas fait pour lui, nous livre sans conviction une interprétation sommaire de son personnage. Quant à Bernard Lhermite, il se contente de faire de la figuration.

Contre-plongée : un film qui ne fera pas de vagues.

ERIC ROHMER. *Auteur-réalisateur de cinéma.*

À côté du cinéma spectacle que les metteurs en scène français semblent redécouvrir avec des productions comme Le Grand Bleu, Léon *ou* Cyrano de Bergerac, *il existe dans le cinéma français un courant intimiste dont le meilleur représentant depuis quarante ans est Éric Rohmer. Ses films (*Les Nuits de la pleine lune, Conte d'été, Conte de printemps, *etc.) mettent inlassablement en scène la même société : jeune et quadra ayant fait des études qui se rencontrent, se parlent et, à travers les faits et les mots de la vie quotidienne, nous donnent à voir les petits drames de l'existence (ceux de l'amour, de l'amitié, du désir d'être ailleurs, etc.).*

À l'occasion de la sortie de Conte d'été, *l'hebdomadaire* Télérama *interroge Éric Rohmer sur son métier de cinéaste.*

TRA : Vous marchez beaucoup, vous observez les gens dans la rue, les cafés ?

E.R. : Non… Oui, enfin, vous savez, l'observation, c'est un peu un mythe dans le cinéma, comme il y a le mythe de la direction d'acteurs. L'observateur n'est pas quelqu'un que vous allez trouver en train d'épier, prendre des notes, filmer avec un caméscope… Non, les choses me viennent de l'intérieur. Je pense avoir un certain don du dialogue. Je n'ai pas de difficultés à faire parler les gens, hommes ou femmes, jeunes ou…

TRA : Vous avez déclaré jadis que la plupart de vos histoires remontent à la période où vous aviez entre 20 et 25 ans…

E.R. : Oui, peut-être. Celle-ci ne remonte pas très haut, mais enfin… Elle se trouvait parmi d'autres, sur un petit carnet, depuis un certain temps. Disons qu'il faut au moins dix ans pour qu'une idée mûrisse. Je crois que c'est le cas de la plupart des auteurs, et là je mets dans le même sac cinéastes et romanciers. Ils ont leurs idées très tôt, vers 18-25 ans, et passent ensuite leur vie à les développer. L'imagination appartient à la jeunesse. Même si, dans ses œuvres postérieures, l'auteur finit par être tellement transformé qu'on ne le reconnaît plus.

TRA : Comment construisez-vous vos histoires ? Les acteurs vous aident-ils à créer vos personnages ?

E.R. : Les filles m'inspirent pour leur façon de parler. Les garçons, pas du tout. Pour *Conte d'été*, j'avais une idée très précise de Gaspard, le rôle était pratiquement écrit. Mais une chose que je ne savais pas, c'est que Melvil Poupaud joue de la guitare.

Du coup, ça m'a donné l'idée de cette chanson qui est au cœur de l'histoire. Cela se passe souvent ainsi : l'élément essentiel du film, je ne le connais que très tard. Ainsi, dans le *Conte de printemps*, c'est l'actrice Anne Teyssèdre qui a décidé qu'elle serait professeur de philo ! Et le côté mystique du *Conte d'hiver* m'a été suggéré par Charlotte Véry. Chaque fois, cela vient de l'acteur. Après coup, je m'aperçois que, s'il n'y avait pas la chanson de Melvil Poupaud, le film serait réduit à rien du tout !

TRA : En tournage, quelle part laissez-vous à l'aléatoire ?

E.R. : J'ai l'équipe la plus légère du monde. Je fais moi-même le clap en claquant des mains, comme ça (démonstration)… En fait, il y a deux sortes d'aléatoires. L'aléatoire absolu, comme dans *Le Rayon vert*, où je n'interviens pas du tout. Et puis, dans le cas où le scénario et les dialogues sont très écrits, l'aléatoire de la mise en scène, qui est fonction des lieux. Par exemple, pour le *Conte d'été*, on s'adaptait au jour le jour au temps qu'il faisait. J'adore décider très vite. […].

TRA : Attendez-vous des comédiens qu'ils vous surprennent ou qu'ils soient conformes à vos indications ?

E.R. : J'attends qu'ils soient conformes, mais dans le cas du *Conte d'été*, ils sont allés au-delà de mes espoirs. Je leur demande avant tout de bien articuler, car si j'écris un texte, c'est pour qu'on l'entende. En répétition, cela va vous paraître curieux, mais je les incite à surjouer leur texte. Ils ont parfois une certaine timidité devant mes dialogues, ils ont peur de les brutaliser. Moi, je ne veux pas du vulgaire, mais du familier, des intonations. Quand ils me disent : mais c'est du boulevard ! je leur réponds : et pourquoi pas ? Ça ne sera jamais du boulevard, allez-y. Je ne voudrais pas qu'on me prenne pour Bresson : je ne modèle pas mes acteurs. […].

TRA : La notion d'auteur est-elle toujours aussi importante à vos yeux ?

E.R. : Être un auteur au cinéma, c'est écrire ses propres histoires. Il me semble qu'aujourd'hui on fait trop passer le scénariste à l'arrière-plan. […]

TRA : Vous vous êtes un jour défini comme le cinéaste français le plus libre. Vous le pensez toujours ?

E.R. : Je suis libre, oui. J'ai dit aussi à une époque que je pensais être un cinéaste commercial, dans la mesure où mes films tiennent uniquement par les recettes qui viennent des spectateurs (ou des télé-spectateurs), et non par les subventions. J'apporte la preuve que c'est possible.

TRA : ... Alors que le jeune cinéma français dit d'auteur peine à sortir de son petit ghetto...

E.R. : Je n'accable pas les jeunes cinéastes : c'est plus difficile pour eux qu'au temps de la Nouvelle Vague, où nous avons eu la chance de faire des films dans une période de grande ouverture. Si le *Conte d'été* était signé par un nouveau venu, il n'aurait pas la même carrière. On va dire que les jeunes cinéastes ne pensent pas assez à leur public. Mais est-ce que j'y pense, moi ? Non ! Si mes films plaisent, tant mieux... Et je ne saurais mieux servir le cinéma que par l'exemple, avec des films légers, bon marché, et qui rencontrent une certaine estime. Je ne dis pas qu'il faut généraliser ma méthode, mais je l'espère exemplaire.

Propos recueillis par
Vincent Rémy et **François Goriu**,
Télérama, n° 2421, 05/06/1996

---

5 | Réalisation d'une fiche : conception du travail de cinéaste selon Éric Rohmer

Lisez le texte et complétez la fiche suivante de façon à avoir une idée la plus précise possible du travail d'Éric Rohmer.

a. La préparation du film

1. *L'idée originale du film :* remonte souvent à un événement de jeunesse qui a été consigné sur un carnet. Elle passe par une période de maturation...

2. *L'écriture du scénario...*

3. *L'écriture des dialogues...*

b. Le tournage

1. *Conditions matérielles (budget, équipement, planning)...*

2. *Le déroulement du tournage...*

3. *La direction des acteurs...*

---

6 | Connaissance culturelle : le cinéma français

a. En quoi le cinéma de Rohmer se distingue-t-il des productions ciné-matographiques hollywoodiennes ?
Connaissez-vous d'autres réalisateurs (ou films) français qui puissent être classés dans ce courant intimiste représenté par Rohmer ?

b. Que fut « La Nouvelle Vague » ? (époque, cinéastes, films, esprit du mouvement).

c. Voici des réalisateurs qui ont marqué le cinéma français.
Trouvez ce qui les caractérise.

• *Besson (Luc)*	(1) L'observation ironique et cruelle de la vie de province.
• *Chabrol (Claude)*	(2) La recherche formelle et la destruction des conventions cinématographiques.
• *Costa-Gavras*	(3) Des films « confidences » marqués par la tendresse, l'inquiétude, la compassion et la nostalgie.
• *Godard (Jean-Luc)*	(4) L'engagement politique.
• *Truffaut (François)*	(5) La beauté des images et la recherche de sensations et d'émotions fortes.

Exprimer l'existence, l'absence, le manque et le désir

pour **faire le bilan d'une situation, formuler des besoins et des aspirations.**

1 Expression de l'existence

Reformulez les phrases suivantes en remplaçant « il y a » et « avoir » par les verbes de la liste.

Exemple : En France, l'influence de l'Église catholique se manifeste de moins en moins.

Religions traditionnelles et nouvelle spiritualité

L'Église catholique *a* de moins en moins d'influence en France.

Il n'y a plus de prêtres en habits ecclésiastiques.

Il n'y a presque plus de jeunes qui veuillent devenir prêtre ou religieuse.

Mais *il y a* encore certains rites chrétiens dans la société française.

Par ailleurs, *nous avons* aussi toujours le calendrier institué par le pape Grégoire XIII au XVIe siècle.

Les jeunes rejettent les religions traditionnelles mais *il y a* des signes certains d'un besoin de spiritualité.

Il y a aujourd'hui une atmosphère d'inquiétude et de doute qui suscite des croyances irrationnelles.

> exister (Il existe…)
> se trouver
> (Il se trouve…)
> se rencontrer
> se voir
> être vivant
> être en vigueur
> se manifester
> régner

2 Expression du manque

Complétez avec un verbe ou une expression verbale (V) ou avec un nom (N) choisis dans la liste. N'utilisez qu'une seule fois chaque mot.

Défauts du système éducatif

En réponse aux flambées de protestations que suscitent (N) .... du système éducatif, les ministres de l'Éducation nationale font régulièrement des enquêtes auprès des collégiens, des lycéens et des étudiants pour faire le bilan des (N) .... de l'École.

Les élèves soulignent souvent (N) .... de professeurs qui a pour conséquence des classes surchargées.

Ils déclarent que les lycées (V) .... de lieux de convivialité et (V) .... en équipements technologiques.

Pour eux, les concepteurs de programmes et de manuels (V) .... totalement de sens des réalités et les capacités de compréhension et de mémorisation (V) .... de leurs préoccupations.

> • être absent (de…)
> être à court (de…)
> être démuni (en…)
> être dépourvu (de…)
> faire défaut
> il manque…
> manquer
> • une absence
> une carence
> un défaut
> une lacune
> un manque
> des restrictions

L'(N) .... d'un véritable enseignement artistique est (N) .... grave dans le système éducatif français.

À ces remarques, les ministres répondent en général que les moyens financiers (V) .... à cause des (N) .... budgétaires. Certes, le ministre et ses conseillers ne sont pas .... d'idées nouvelles.

Mais (V) .... encore aux enseignants une vision claire de leur avenir.

3 | Désirs et aspirations

a. Quel(s) mot(s) du tableau choisiriez-vous pour exprimer :

1. un désir de savoir…

2. un désir pour des valeurs spirituelles ou professionnelles…

3. un désir passager que l'on satisfait…

4. un désir qu'on ne peut réprimer…

5. un désir fort…

6. un désir inconscient…

7. un désir pour des biens matériels…

8. un désir naissant…

9. un désir soudain…

10. le désir de voir se réaliser quelque chose…

> une ambition – un appétit – une aspiration – une attirance – un attrait – un caprice – la convoitise – la curiosité – une envie – une fantaisie – un vœu – une inclination – un instinct – une passion – un penchant – une soif – un souhait – une tendance – une tentation – une toquade

b. Pour compléter les phrases suivantes, formez des expressions verbales avec les mots du tableau et avec les verbes : *avoir – éprouver – faire – satisfaire – combler – se passer.*

Exemple : 1. … j'ai eu une soudaine envie d'huîtres.

1. En général, je ne mange jamais de coquillages. Mais hier, au restaurant, je ne sais pas pourquoi, j'........................ .

2. Pierre n'est pas encore amoureux de Mélanie mais il .... pour elle.

3. Il y avait longtemps qu'Hélène avait envie de ce bracelet. Hier, elle l'a acheté. Elle ....

4. Gérard a enfin été nommé directeur. Cette promotion ....

5. En voyant une étoile filante traverser le ciel, il faut ....

6. Michel .... de connaissances. Il passe tout son temps libre à la bibliothèque nationale.

7. Rémi doit se méfier. Il .... à fumer un peu trop.

8. Mariane est à la retraite. Elle peut enfin .... : le jardinage.

ÉDUCATION NATIONALE

Le défi de la formation et de l'emploi

Enseignant et conseiller de Claude Allègre – ministre de l'Éducation nationale en 1997 (gouvernement de gauche) –, Alain Etchegoyen plaide pour la modernisation de l'Éducation nationale.

Pour ne pas exclure, il faut mieux reconnaître tous les talents. Notre éducation nationale continue à vivre et à évaluer selon des paradigmes[1] qui seront très vite d'un autre temps : dans ses exercices, dans la hiérarchie de ses disciplines[2], dans la pédagogie même de ces disciplines, l'éducation éprouve quelques difficultés à s'adapter aux situations sociales nouvelles et aux changements profonds qui affectent notre société. C'est un réflexe commun dans l'éducation nationale que de se protéger contre les influences extérieures. François Bayrou[3] ne parlait-il pas de « sanctuaires » pour désigner les lieux d'enseignement.

Or nous vivons une époque qui, d'une certaine manière, est moins dangereuse que d'autres pour l'école, sauf si l'on pose en principe que tout changement est un danger majeur pour l'institution scolaire. Il faut nous méfier de la nostalgie dans un monde qui ne devrait être soucieux que de l'avenir. C'est pourquoi je me sens aujourd'hui tellement méfiant vis-à-vis de l'argumentation qu'on nomme aujourd'hui « républicaine » qui se crispe sur les disciplines, sur l'autorité du Maître, sur la haine du marché[4] et qui continue à penser que l'ensemble du processus éducatif ne peut être pensé que par référence à une mission déterminée par l'État-instituteur dans le cadre des Lumières[5] qui lui sont consubstantielles a priori.

Le défi de la formation et de l'emploi concerne évidemment l'intégration mais plus généralement tous les citoyens. « Mettre l'élève au cœur du système » revient à lui donner les meilleurs atouts pour l'existence, en tant que futur citoyen et en tant que futur travailleur. On ne peut isoler l'un de l'autre. Et je suis convaincu que l'évolution du travail va permettre des cohérences nouvelles avec le travail éducatif. On sait aujourd'hui qu'il est vain de prévoir avec précision les emplois de demain et de tenter d'y adapter par avance ceux qui sont dans le système éducatif. Si nous ignorons pour une grande part l'émergence de métiers nouveaux, si nous savons que la mobilité sera une exigence de l'avenir, l'école a pour mission de former à cette mobilité. Elle ne saurait donc être dépendante d'une profession ou d'une constellation de professionnels. Elle ne doit pas former des jeunes adaptés mais des jeunes adaptables.

La culture générale et même les disciplines littéraires ont parfaitement leur place dans ce cadre : elles doivent contribuer à former. Mais encore faut-il qu'on diversifie considérablement la reconnaissance de tous les talents. On ne l'a pas souvent souligné mais c'est peut-être – avec la déconcentration[6] – l'idée la plus originale et la plus importante de Claude Allègre. Nos sociétés et économies à venir seront d'innovation et de création quand notre enseignement est encore trop de répétition. Former à l'emploi, ce n'est plus former au simple usage d'un outil professionnel, c'est développer toutes les capacités d'innovation et de création. Il faut donc aller dans le sens d'une revalorisation considérable des enseignements artistiques si l'on raisonne en termes de disciplines mais plus encore introduire dans chaque discipline des processus de création. C'est pourquoi l'idée de réintroduire la rédaction[7] ou un exercice similaire dans le lycée me paraît essentielle. Comprenons-nous bien : il ne s'agit pas de revenir aux modes de l'expression libre post-soixante-huitarde, mais bien plus de reconnaître dans l'éducation nationale des gestes, des pratiques, des talents qui sont aujourd'hui souvent sous-estimés.

Alain Etchegoyen,
Les Défis de l'Éducation,
© Éditions Sand, 1998

---

1. Modèle, système de pensée.
2. Matières d'enseignement (mathématiques, histoire, biologie, etc.).
3. Ministre de l'Éducation (centriste) de 1995 à 1997.
4. Les entreprises privées.
5. L'ensemble des connaissances et des valeurs du siècle des Lumières (XVIIIe) considérées comme un modèle.
6. Le ministre Claude Allègre a confié aux services régionaux (rectorats) une partie des décisions et des tâches qui étaient du ressort de l'administration centrale à Paris.
7. Activité d'expression écrite pratiquée au collège qui consiste à raconter, à décrire, à exprimer des sentiments. Le lycée ne pratique que le commentaire de texte et le débat d'idées (dissertation).

4 Compréhension du vocabulaire du texte

Lisez le texte en vous aidant des notes et des définitions suivantes.

• *Paragraphe 1:* produire des élèves inadaptés à la société – contrôler les compétences – lieu saint que l'on doit respecter.

• *Paragraphe 2:* tenir en refusant de lâcher – qui font partie de sa nature.

• *Paragraphe 3:* avantage – liaison, organisation, harmonisation – inutile et sans objet – apparition – groupe de personnes ou d'objets.

5 L'argumentation d'Alain Etchegoyen

Dans ce texte, Alain Etchegoyen

1. fait un constat

2. s'oppose à un premier type de solutions

3. s'oppose à un deuxième type de solutions

4. analyse des besoins et précise un projet.

Regrouper les arguments de l'auteur autour de ces quatre points.

6 Connaissances culturelles: l'école en France

a. Qu'est-ce que l'Éducation nationale? Quel pourcentage d'élèves français la fréquentent? Où sont formés les autres élèves? Quel est le statut des enseignants? Y a-t-il plusieurs catégories d'enseignants à l'Éducation nationale?

François Bayrou a qualifié l'Éducation nationale de «sanctuaire». Claude Allègre l'a comparée à un «mammouth». Quels défauts voulaient-ils dénoncer?

b. Quelle est la journée type d'un élève du niveau primaire? Celle d'un élève de lycée? (Horaires, travail à la maison.)

c. Qu'est-ce qui caractérise en France l'enseignement des disciplines suivantes:

1. l'enseignement de la langue maternelle

2. l'enseignement des mathématiques

3. les disciplines artistiques (musique, dessin, etc.)

4. l'enseignement des langues étrangères.

d. Alain Etchegoyen s'oppose à deux projets éducatifs. Lesquels? À quelle tradition appartient chacun d'eux?

e. Dans le projet éducatif qu'il développe, Alain Etchegoyen souhaite que l'exercice nommé «rédaction» (voir note 7) soit poursuivi au lycée (et peut-être au-delà). Qu'en pensez-vous?

LEÇON 22

Exprimer la quantité, l'importance, la banalité ; comparer

pour **exprimer le degré d'importance d'un fait ou d'un jugement.**

---

1 Les mots de quantité

Remplacez les ensembles en italique par les mots de la liste qui peuvent convenir.

Exemple : 1. Tous (la totalité) ont (a) rempli le questionnaire.

Des lycéens ont effectué un sondage sur les moyens de lutter contre la pollution dans les villes.

1. Nous avons remis un questionnaire aux élèves de notre lycée. *100 % des élèves* ont rempli le questionnaire.

2. *98 % des élèves* estiment qu'il faudrait développer les transports en commun.

3. *1 % des élèves* est défavorable à cette mesure.

4. *65 %* pensent qu'il faut interdire les voitures qui utilisent le diesel.

5. *50 %* estiment qu'il faut mettre le diesel au même prix que l'essence.

6. *3 %* affirment qu'il faut interdire aux voitures d'entrer dans les villes.

7. *0 %* a opté pour l'instauration d'un péage à l'entrée des villes.

8. Nous avons envoyé notre questionnaire à *une vingtaine* de personnalités. *Deux ou trois* nous ont répondu. *Deux ou trois* nous ont téléphoné pour nous dire qu'ils allaient le faire.

9. Nous avons envoyé notre questionnaire au maire et au député. *Le maire et le député* n'ont pas répondu.

> • **Pronoms indéfinis**
> *aucun – beaucoup – certains – chacun – d'autres – la plupart – ni l'un ni l'autre – nul – pas un – (très) peu – plusieurs – quelques-uns – tous (toutes)*
>
> • **Noms**
> *une majorité (faible / large / forte / écrasante)*
> *une minorité (petite / importante)*
> *une proportion (faible / forte)*
> *une fraction (petite / importante)*
> *la moitié / la totalité*

---

2 L'importance et la banalité

Marie n'est jamais d'accord avec Pierre. Elle prend systématiquement le contrepied de ce qu'il dit.
À partir des propos de Pierre, trouvez ceux de Marie.

a. Discussion à propos d'un collègue de travail

1. *Pierre :* Henri Bouvet occupe un poste *important.*   *Marie :* un poste secondaire.

2. *P :* On lui impose une charge de travail *écrasante.*   *Marie :* …

3. *P :* Tout cela pour un salaire *dérisoire.*   *Marie :* …

4. *P :* C'est pourtant quelqu'un qui a d'*immenses* capacités.   *Marie :* …

5. *P :* Il fait preuve d'une *grande* disponibilité.   *Marie :* …

6. *P :* Il a de *grandes* idées et une vision *pénétrante* de la situation.   *Marie :* …

b. Discussion à propos de la presse.

1. *Pierre :* Je trouve que ces révélations sur la vie privée des personnalités soulèvent un problème *grave*.   *Marie :* ...

2. *P :* D'autant que certaines enquêtes sont un peu *légères* et que certains journaux se permettent des mensonges *énormes*.   *Marie :* ...

3. *P :* Certaines révélations peuvent être *lourdes de conséquences*.   *Marie :* ...

4. *P :* Le fait d'avoir parlé de la vie privée du président de la République *est tout de même à marquer d'une pierre blanche*.   *Marie :* ...

5. *P :* Tout cela *mérite d'être pris en considération*.   *Marie :* ...

6. *P :* Il serait *urgent* de prendre des mesures.   *Marie :* ...

3   Formes comparatives

**a. La réalité est plus ou moins importante que l'apparence.
Reformulez les phrases suivantes en employant la forme comparative entre parenthèses.**

Exemple : 1. La violence à la télévision n'a pas *autant* d'impact *que* ce qu'on affirme.

1. La violence à la télévision n'a pas beaucoup d'impact. Ce qu'on affirme sur ce sujet est faux *(autant... que)*.

2. On croit que la violence influence les enfants. C'est faux *(autant... que)*.

3. En revanche, l'information paraît objective. Ce n'est pas le cas *(beaucoup moins... que)*.

4. On laisse croire que certains faits sont importants. Ce n'est pas le cas *(moins... que)*.

5. L'information fabrique l'événement. Elle ne le relate pas objectivement *(plus... que)*.

b. Expression de la différence. Reformulez les idées suivantes en employant les formes entre parenthèses.

Exemple : 1. Le système juridique français *ne soutient pas la comparaison* avec le système américain.

1. Le système juridique français et le système américain sont très différents *(soutenir la comparaison)*.

2. Les fonctions d'un avocat dans les deux systèmes sont très différentes *(il y a un rapport)*.

3. Un procès ne se déroule pas de la même manière en France et aux États-Unis *(assimiler)*.

4. Les Américains ont un comportement beaucoup plus procédurier que les Français *(si on met en parallèle...)*.

JUSTICE

Des magistrats indépendants mais responsables !

Les années 90 ont été marquées en France par ce qu'on a appelé « les affaires ». Des hommes politiques, des chefs d'entreprises publiques, des célébrités sportives ont eu affaire à la justice pour des motifs plus ou moins graves : manquement aux règles sur le financement des partis politiques, détournement d'argent public pour un profit personnel, etc. Du jamais vu en France où l'irresponsabilité professionnelle n'était pas considérée comme un délit. L'article suivant a été écrit au moment où la justice, irritée par les pressions en provenance des pouvoirs et des lobbies, réclamait davantage d'indépendance. Un projet du gouvernement visait d'ailleurs à lui donner satisfaction. Robert BADINTER a été ministre de la Justice et président du Conseil Constitutionnel.

L'intérêt passionné que suscitent aujourd'hui les rapports entre la justice et la politique n'a rien d'une mode. Il traduit la prise de conscience d'un phénomène politique essentiel : l'affirmation croissante du pouvoir des juges, à l'encontre des hommes politiques, dans les démocraties modernes. Lorsqu'on entend encore, çà et là, le vieux couplet sur la sujétion où le pouvoir politique s'obstinerait à maintenir les magistrats, comment ne pas relever que, dans les cinq dernières années, pas moins de quinze ministres ou anciens ministres, dont deux Premiers ministres, ont été mis en examen, sans compter les parlementaires, présidents de conseil régional ou général, maires, etc. Si le pouvoir politique contrôlait encore le cours de la justice pénale, pareilles charrettes seraient impensables.

Mais il est vrai que le phénomène est récent. Il constitue une révolution, dans la mesure où il modifie radicalement les rapports de puissance antérieurs entre pouvoir politique et autorité judiciaire. L'histoire de la justice française est, à cet égard, révélatrice. La justice, apanage du souverain, a été en France, sous l'Ancien Régime, un lieu privilégié de conflits entre le roi et la magistrature. Dans l'affrontement qui a opposé au long des siècles, avec des fortunes diverses, le roi aux parlements[1], c'est-à-dire à la haute magistrature, celle-ci l'a en définitive emporté. Elle a été un agent essentiel du déclenchement de la Révolution qui a englouti la monarchie absolue et les parlements de l'Ancien Régime eux-mêmes…

Cette histoire n'a jamais été oubliée par le corps politique. La nation a pu succéder au roi, ses élus ont toujours conservé, à l'égard de la magistrature, une profonde défiance.

Il serait absurde de considérer que cette situation est l'œuvre d'une sorte de conspiration de certains magistrats décidés à prendre une revanche historique sur les hommes politiques. C'est à un changement des mentalités plus que des textes que l'on assiste. Cette révolution de la justice est d'abord une révolution culturelle.

On ne saurait, à cet égard, méconnaître l'influence exercée par les juridictions européennes ou constitutionnelles. Quand la Cour de Justice de Luxembourg ou la Cour Européenne des Droits de l'Homme condamne l'État français, c'est bien la supériorité des juges sur la volonté politique du gouvernement ou du parlement qui s'affirme. Et quand le juge constitutionnel censure une loi votée par le parlement à l'initiative du gouvernement, parce qu'elle méconnaît les droits des citoyens, c'est l'affirmation qu'au-dessus des pouvoirs politiques se situent les principes de l'État de droit, et que les juges en sont les garants. Pareil exemple du pouvoir des juges dans les démocraties européennes devait inspirer à la nouvelle magistrature une conscience renforcée de l'étendue de ses pouvoirs et de l'importance de sa mission.

Que va-t-il advenir à présent ? Le pouvoir politique ne peut que tirer les conséquences d'une révolution qu'il a subie plus qu'il ne l'a voulue […]. Mais le véritable problème que pose aujourd'hui l'indépendance du magistrat, et qui est une condition de bonne justice pour les justiciables, est celui de sa responsabilité dans l'exercice de ses fonctions. Ce problème n'a jamais été posé réellement en France. La sujétion de l'autorité judiciaire au pouvoir politique transférait à celui-ci la responsabilité des dysfonctionnements de la justice, voire les fautes personnelles des magistrats. La magistrature française est certes intègre et incorruptible. Mais les magistrats ne sont pas l'abri de la passion, des préjugés, de la presse ou de l'incompétence. Or, de leurs erreurs ou de leurs fautes à l'égard des justiciables, ils ne répondent en fait que très exceptionnellement. La contrepartie de la dépendance d'hier était l'irresponsabilité des magistrats. La conséquence nécessaire de leur indépendance est leur responsabilité. Or, dans les débats sur l'indépendance des magistrats, cette question essentielle est rarement évoquée.

Robert BADINTER,
Le Nouvel Observateur, 10/09/1998

---

1. Dans l'Ancien régime, le Parlement était essentiellement constitué de juristes (gens de robe, voir note 6 page 58).

Après une première lecture rapide, étudiez ce texte paragraphe par paragraphe en répondant aux questions posées. Résumez en une ou deux phrases le contenu de chaque paragraphe.

• *Introduction.*

a. Trouvez le mot dont voici la définition : *règles morales concernant l'exercice d'une profession.*
b. Quel est le phénomène qui est exposé ? En quoi est-il nouveau ? Quelle est la réaction de la Justice ? du gouvernement ?

• *Paragraphe 1.*

a. Trouvez les mots dont voici les définitions : *en direction de, contre – idée reçue que l'on répète à tout propos – soumission, dépendance – remarquer – être interrogé par la justice – nombre important de personnes interrogées par la justice (au Moyen Âge les condamnés allaient au supplice en charrette).*
b. Quelle conclusion R. Badinter tire-t-il de la multiplication des affaires ? À quelle idée reçue sa conclusion s'oppose-t-elle ?

• *Paragraphe 2.*

a. Trouvez les mots dont voici les définitions : *sur ce point – privilège – ensemble des fonctionnaires de justice – gagner – faire disparaître.*
b. Qu'est-ce qu'un magistrat ? Parmi les professions de justice suivantes, lesquelles font partie de la magistrature : *les avocats, les juges, les procureurs, les huissiers ?*
c. Quel phénomène historique R. Badinter évoque-t-il ici ? (voir aussi le texte page 58, 4e paragraphe).

• *Paragraphes 3 et 4.*

a. Trouvez le mot dont voici la définition : *entente (complot) contre quelqu'un.*
b. Comment pourrait s'expliquer la multiplication des « affaires » ? Cette explication est-elle juste d'après R. Badinter ?

• *Paragraphe 5.*

a. Quelles sont les trois Cours de justice qui sont évoquées dans ce paragraphe ? Quelle est leur fonction ? Quel est le rôle en France : *des tribunaux administratifs ? des conseils des Prud'hommes ? Des tribunaux d'instances ? des tribunaux correctionnels ? des Cours d'assise ? des Cours d'appel ? de la Cour de cassation ?*
b. Quel est l'argument développé par R. Badinter ?

• *Paragraphe 6.*

a. Trouvez les mots dont voici les définitions : *toute personne soupçonnée et convoquée par la justice – mauvais fonctionnement – et même… – honnête – se considérer comme responsable, assumer.*
b. Quelle est la proposition de R. Badinter ? Comment la justifie-t-il ?

Changer de registre de langue, utiliser différentes formes de renforcement ou d'atténuation *pour* atténuer ou renforcer un propos.

1 N'étalez pas vos sentiments

Ils exagèrent et se moquent de vous. Indiquez le sentiment qu'ils vous attribuent et répondez-leur en minimisant ce sentiment.

Exemple : 1. la peur – *Réponse :* Disons que j'ai une petite appréhension.

1. Votre moniteur de ski juste avant la descente d'une piste noire : *« Vous avez la trouille ? …»*

2. Un conférencier que vous venez d'écouter : *« Avouez que je vous ai un peu rasé(e) ! »*

3. Une amie qui vous a accompagné jusqu'à la porte de l'entreprise où vous allez avoir un entretien d'embauche : *« Tu paniques ? »*

4. Une collègue avec qui vous vous êtes disputé(e) : *« Tu me détestes ? »*

5. Une amie qui a remarqué que vous étiez amoureux (amoureuse) : *« Ma parole, tu l'as dans la peau ! »*

6. La même amie, lorsque la personne dont vous êtes amoureux (amoureuse) s'intéresse plutôt à quelqu'un d'autre : *« Tu crèves de jalousie ! »*

7. Toujours la même amie quand vous lui annoncez qu'« on » vous a appelé(e) pour vous inviter au restaurant : *« Et tu as sauté au plafond ».*

8. Et quand vous annoncez que vous avez attendu une heure au restaurant pour finir par dîner seul(e) : *« Tu ne devais plus savoir où te mettre ! »*

2 Valeur superlative des articles

Reformulez les phrases suivantes en mettant en valeur les mots en italique grâce à l'emploi d'un article d'insistance. Utilisez les quatre constructions suivantes :

« L'Alchimiste » est *le* livre de l'année 1996.
Paul est *la* discrétion *même* (*incarnée – par excellence*).
Cette machine fait *un de ces* bruits !
Ce spectacle est *d'une* beauté !

1. Il y a un *film* à voir cette semaine : c'est « Clair obscur ». Les images sont très *belles*. Je l'ai vu hier soir. Il y avait beaucoup de *monde*.

2. Paul est très *intelligent*. Il a une *mémoire* d'éléphant. Ses réflexions sont particulièrement *profondes*.

3. Tu ne connais pas « Le Bambou » ? C'est une *discothèque* très à la mode. Il y a beaucoup d'*ambiance*. Et leur show, vers minuit, est très *drôle*.

3 Adaptez vos propos à la situation

Vous quittez votre entreprise pour aller travailler ailleurs. Pour fêter votre départ :
– vos collègues vous invitent au restaurant,
– le PDG de votre entreprise vous invite dans son hôtel particulier.
Complétez le tableau des commentaires que vous faites après chacun de ces repas.

Après le repas entre collègues	Après le repas chez le PDG
(1) On s'est fait une bonne bouffe.	(1) On nous a servi un repas délicieux.
(2) Les collègues ne s'étaient pas moqués de moi.	(2) …
(3) …	(3) L'atmosphère était très détendue.
(4) Quand Bernard a raconté son histoire on était pliés en deux.	(4) …
(5) …	(5) J'avais une voisine charmante avec qui j'ai longtemps bavardé.
(6) Dans le petit discours qu'il a fait, Lambert n'a pas manqué de me mettre en boîte.	(6) …
(7) …	(7) Quand j'ai dû répondre à ce discours, j'étais très ému.

4 Atténuer ou renforcer une réalité

Dans les situations suivantes une personne doit minimiser la réalité, une autre doit l'exagérer. Formulez ce que peuvent dire ces deux personnes en utilisant tous les procédés que vous connaissez (choix des mots et des registres de langue, négation du contraire, formes superlatives, adverbes d'intensité, etc.).

Exemple : 1. A : Certes, elle n'est pas bête – B : Je la trouve géniale !

Situations	Faits et réalités
a) Dans une entreprise, deux recruteurs discutent. A ne souhaite pas engager Marie. B pense qu'elle a toutes les qualités requises.	(1) Marie est intelligente. (2) Elle a quatre ans d'expérience dans une autre entreprise. (3) Elle a le sens des contacts humains. (4) Elle a de l'humour.
b) Les agents du service des autobus de la ville sont en grève. Le directeur du service (A) et le responsable du syndicat (B) tiennent chacun une conférence de presse.	(1) Au cours des trois derniers mois, deux chauffeurs de bus ont été agressés (dont un légèrement blessé). (2) 60 % du personnel s'est mis en grève occasionnant un arrêt presque total du trafic. (3) Les négociations entre le personnel et la direction n'ont pas encore abouti.
c) Antoine (A) et Béatrice (B) sont allés en vacances à la mer avec leurs enfants (Paul et Lucie). Béatrice n'avait pas envie d'aller à la mer. Au retour, ils racontent leurs vacances.	(1) Il a fait 15 jours de beau temps et 15 jours de mauvais temps. (2) L'eau était assez froide (18°). (3) Les services de secours ont dû intervenir pour ramener Paul qui s'était perdu en mer sur sa planche à voile. (4) De nombreux amis et parents leur ont rendu visite. (5) Lucie est sortie quatre fois en discothèque. Elle est rentrée à 2 heures du matin.

Osez leur dire non !

Halte aux petits tyrans ! Rien ne va plus dans nos familles. Après l'ère de l'enfant roi, voici venir celle des ayatollahs en salopette. Ils piquent des crises pour un oui ou un non, se roulent de colère devant les gondoles[1] du supermarché, bref, imposent leur loi à leurs chers père et mère. Sur les lignes téléphoniques de l'EPE (l'École des parents et des éducateurs), ils sont des centaines, chaque jour, à appeler à l'aide, désarçonnés par l'insolence du petit dernier ou, tout bonnement, par les menaces physiques de leur grand ado. Signe des temps, un livre sort ces jours-ci : *Parents, osez dire non !*. Titre provocateur ? Hélas non. Les parents ont une fâcheuse tendance, ces temps-ci, à déléguer leur autorité… à l'école.

Au dire des psy, la situation s'est dégradée depuis l'intensification de la crise. Contre les difficultés, la famille est un refuge : difficile de sévir quand on aimerait « cocooner » bienheureusement le soir venu : « Les parents fonctionnent aujourd'hui à la séduction et à la démagogie, confirme Martine Gruère, psychologue et directrice de l'EPE. Ils répugnent à leur imposer des limites, alors qu'ils passent si peu de temps avec eux. »

La situation s'aggrave dans les familles monoparentales. D'abord parce que le père est souvent absent et que, malgré tout, il incarne l'autorité suprême. Ensuite parce que, lorsqu'il voit son enfant un week-end sur deux, il ne souhaite pas endosser le rôle du père Fouettard[2] […].

Ça n'est pas vraiment la faute des parents : gavés de psychologie vulgarisée (une des grandes accusées, d'après les spécialistes), ils ont cru bien faire. Au nom de la prétendue démocratie familiale, qui devait permettre aux petits d'homme de s'épanouir comme des rois.

« Ah, la démocratie familiale ! Quel leurre[3] ! s'exclame le Dr Delaroche, pédopsychiatre, l'auteur de *Parents, osez dire non !* Parents et enfants ne sont pas égaux au sein de la famille. » Car, jusqu'à preuve du contraire, c'est papa-maman qui tiennent encore les rênes de la maison.

Mais que n'a-t-on fait, que n'a-t-on dit, au nom de l'autonomie de l'enfant ! On les abandonne à eux-mêmes, on leur prête des désirs de petits adultes. Bref, on les fait grandir précocément alors qu'ils ont encore besoin d'être guidés. Aujourd'hui, les psychologues et les enseignants tirent le signal d'alarme : de plus en plus d'enfants sont livrés à eux-mêmes pendant de longs week-ends, avec pour toute compagnie un congélateur et des tickets-restaurant. Tout simplement parce qu'ils n'ont pas envie d'aller chez mamie ou qu'ils boudent la maison de campagne. « Tu ne veux pas y aller ? Très bien, eh bien reste là tout seul ! » « Cet abandon à soi-même est la pire des punitions, constate Martine Gruère. Il vaudrait mieux, pour ces enfants, entendre un non ferme et massif. Ils prennent cette attitude pour une marque d'indifférence… Et ils ont raison ! » […]

C'est là tout l'apprentissage, progressif, de la frustration et de la contrainte : « L'enfant se construit d'une part grâce à ce qu'on lui donne, mais aussi à ce qu'on lui refuse, note le Dr Delaroche. Celui à qui l'on ne dit jamais non sera malheureux, car frustré par la réalité. » Le pédopsychiatre l'affirme : le manque de limites est comparable à un mauvais traitement et à la pire des illusions. Faire croire à l'enfant que ses désirs sont des réalités, l'élever dans un sentiment de toute-puissance, cela est terriblement dangereux. C'est le drame des petits vandales, et même des enfants criminels […].

« La punition, quand l'interdit a été transgressé, permet de libérer l'enfant d'une culpabilité trop lourde », affirme le Dr Delaroche. Sans contrainte, rien ne va plus. Ça peut commencer par l'échec scolaire ou la dyslexie[4]. Difficile de se soumettre à la loi d'agencement des lettres ou des chiffres quand on joue au petit anarchiste en famille. Ça se manifeste aussi par l'hyperactivité motrice, cette fameuse maladie à la mode que l'on soigne, outre-Atlantique, à grand renfort d'amphétamines[5] […].

Abandonné à lui-même, l'enfant peut aussi s'imposer lui-même des contraintes dramatiques (formes d'autopunition, comme l'anexorie[6]) ou bien développer des phobies récalcitrantes[7] […].

Certes, interdire n'a jamais été facile. Freud n'avouait-il pas que le métier de parent, comme celui de psychanalyste, faisait partie des activités impossibles ? Sans souhaiter retourner aux coups de règle sur les doigts ou aux sombres cagibis des *Petites Filles modèles*[8], il faut réapprendre à dire non. Un non ferme et définitif, accompagné d'un regard, vaut mieux qu'un hurlement énervé ou qu'une fessée muette.

Sophie CARQUAIN,
Madame Figaro, 26 octobre 1996.

1. Présentoir dans un supermarché.
2. Personnage imaginaire qui punit à coups de fouet les enfants indisciplinés.
3. Illusion.
4. Difficultés dans l'apprentissage de la lecture.
5. Médicament agissant sur le système nerveux.
6. Diminution de l'appétit.
7. Peurs durables.
8. Titre d'un livre pour enfants de la comtesse de Ségur (1858). Les enfants indisciplinés étaient enfermés dans un placard.

5 Étude du vocabulaire du texte

Classez dans le tableau le vocabulaire relatif au comportement des enfants et des parents.

	Comportement des enfants	Comportement des parents
Noms et adjectifs	tyran – ayatollahs	désarçonnés ....
Verbes et expressions verbales	piquer une crise	délèguent leur autorité à l'école ....

6 Fiche de lecture

Complétez la fiche ci-dessous avec les informations données par le texte et commentez brièvement les idées de l'auteur.

1. *Origine du texte* – Types de lecteurs visés.

2. *L'exposé du phénomène* (paragraphe 1) (notez les procédés qui permettent d'amplifier ce phénomène).

3. *L'explication du phénomène* (relevez toutes les explications données par l'auteur et les personnes citées).

4. *Les risques d'une éducation laxiste.*

5. *L'intérêt d'une éducation autoritaire.*

6. *Conseils sur la conduite à tenir.*

7. *Vos propres commentaires.*

7 Connaissances culturelles : la famille en France

a. Que signifient les expressions :
famille monoparentale – famille éclatée – famille recomposée ?
Quelle évolution de la famille révèlent-elles ?
Quelles sont les causes de cette évolution ?

b. Jusqu'au milieu du xxe siècle, le mariage était l'institution qui fondait la famille. En quoi cela a-t-il changé ?
L'union libre est-elle reconnue légalement en France ?
Implique-t-elle les mêmes droits et les mêmes devoirs que le mariage ?

c. Indiquez brièvement l'évolution qui s'est produite depuis une cinquantaine d'années dans les relations...
– entre les conjoints,
– entre les parents et les enfants,
– entre les parents et les grands-parents.

Modifier l'ordre des groupes de mots de la phrase, faire des comparaisons

pour **mettre en valeur des faits et des idées.**

1 Mise en valeur d'un groupe nominal en début de phrase

a. Par un simple déplacement (qui peut impliquer une reformulation).
Reformulez trois fois la phrase suivante de façon à mettre en début de phrase les groupes en italique.

L'État *a l'intention* de *dépenser 100 millions de francs* pour *aménager le site préhistorique de Carnac*.

(1) (2) (3)

1. Un projet de l'État...   2. 100 millions de francs...   3. ...

b. Par la forme démonstrative « C'est que / qui... ».
Reformulez trois fois la phrase suivante selon l'intention de la personne qui parle.

À Carnac, 2 800 menhirs doivent être protégés d'une foule de touristes de plus en plus nombreux.

1. *Le maire de Carnac* (qui veut mettre en valeur le nom du site) : « C'est à Carnac... »

2. *Un archéologue* (qui veut mettre en valeur l'importance du site) : « C'est... »

3. *Un habitant de Carnac* (qui regrette l'invasion touristique) : « ... »

c. Par la forme « C'est + nom + proposition relative ». Dans le dialogue suivant, reformulez les réponses comme dans l'exemple.

Exemple : C'est un site préhistorique *qui* compte 2 800 menhirs.

• Carnac est un site important ?
– Oui, on compte 2 800 menhirs dans ce *site préhistorique*.
À côté de ce *site*, les autres groupes de mégalithes font figure de parents pauvres.

• Mais Carnac a été un peu négligé dans le passé ?
– Oui, les vaches *y* broutaient quand j'étais enfant. Ces *vestiges de la Préhistoire* doivent être aménagés. Ce *site* a été le plus négligé de France.

• Il y a un projet d'aménagement ?
– Oui, nous accordons toute notre attention à ce *projet*.

2 Mise en valeur du verbe et de l'adjectif

Reformulez les phrases suivantes selon les indications.

• (I) → *Inversion du sujet. Exemple :* Dans le bar trois nouveaux consommateurs arrivent. → *Dans le bar arrivent trois nouveaux consommateurs.*

• (CQ) → *Verbe mis en tête de phrase grâce à l'expression « Ce qui » (ce que, ce dont, etc.). **Exemple :** Leur attitude étonne. → Ce qui étonne, c'est leur attitude.*

• (A) → *Adjectif mis en tête de phrase.* **Exemple :** Leurs vêtements sont étranges. → *Étranges sont leurs vêtements.*

La Vallée des Merveilles

1. *La Vallée des Merveilles* s'étend dans l'arrière-pays de Nice. (I)
2. La présence d'étranges inscriptions sur les parois de la montagne *fait la célébrité de cette vallée.* (CQ)   **3.** *Mais ces signes mystérieux* ne peuvent être découverts qu'après plusieurs heures de marche. (I)   **4.** L'ascension sera *pénible* et la découverte sera *difficile* car les signes sont dispersés sur un espace de 14 km². (A)   **5.** *De nombreux chercheurs* ont travaillé au déchiffrage de ces signes. (I)   **6.** Le fait que ces milliers de figures s'organisent à partir de quatre formes de base *les étonne.* (CQ)

3   Mise en valeur par des effets de comparaisons

a. Comparaison avec une chose indéfinie.
Reformulez les phrases suivantes comme dans l'exemple en commençant par le pronom ou l'adjectif indéfini entre parenthèses.

Exemple : 1. Rien n'est plus beau que le site de Pétra.

Remarques d'un touriste à propos du site antique de Pétra (Jordanie)

1. Le site de Pétra est le plus beau qui soit. (*Rien…*)   **2.** Son charme ne laisse pas indifférent. (*Nul…*)   **3.** Il n'est pas comparable à d'autres villes antiques. (*Aucune…*)   **4.** Il ne faut pas y rester moins d'une journée. (*Personne…*)
5. Chaque lieu de cette étrange ville est différent des autres. (*Pas un…*)

b. Effet de superlatif.
Reformulez les phrases suivantes en commençant par « Il n'y a pas… » ou « Il n'existe pas » et en employant la forme superlative.

Exemple : 1. Il n'y a pas de site antique qui soit plus étrange.

1. Ce site antique est très étrange.   **2.** La visite est passionnante.
3. Aucune ville troglodyte ne peut rivaliser avec Pétra.
4. C'est une destination touristique qui fait l'unanimité.

c. Effet de parallélisme.
Reformulez en utilisant l'expression entre parenthèses.

Exemple : 1. Plus on se promène dans ce site, plus on a envie d'y rester.

1. Quand on se promène dans ce site, on a envie d'y rester. (*Plus… plus…*)

2. Quand il y a peu de touristes on l'apprécie beaucoup. (*Moins… mieux…*)

3. On l'apprécie vraiment quand on prend son temps. (*… d'autant mieux…*)

4. Ce site est très surprenant car les couleurs des monuments changent selon les moments de la journée. (*… d'autant plus…*)

5. On éprouve donc beaucoup de plaisir si on repasse plusieurs fois devant le même monument. (*… d'autant plus de…*)

Y a-t-il une beauté moderne ?

Pendant l'été 1997, l'amateur d'art contemporain qui suivait les plus grandes manifestations européennes pouvait « admirer » :
– à la Biennale de Lyon, un rouleau-compresseur suspendu dans le vide et qui faisait mine de s'envoler (œuvre signée Chris Burden) ;
– à la Documenta de Kassel (Allemagne), une famille de cochons vivants dont on pouvait suivre les ébats derrière une glace sans tain (œuvre de Marie Trockel et Carsten Höller) ;
– à la Biennale de Venise, l'artiste elle-même, Marina Abramovic, assise sur une montagne d'ossements ;
– aux Projets de Sculpture de Münster, des milliers de petits fanions rouges et blancs tendus au-dessus de la rue principale (œuvre de Daniel Buren).
Dès l'ouverture de ces manifestations, la polémique qui oppose depuis toujours les pro et les anti-art contemporain avait ressurgi.
Le philosophe Luc Ferry commente cette polémique.

AVOUONS-LE : les polémiques récentes sur ce qu'on nomme d'ordinaire l'« artcontemporain » ressemblent à une partie d'échecs mille fois jouée et rejouée depuis le début du siècle. Tous les coups sont archiconnus, et si le ton monte parfois, le niveau baisse, tant les anathèmes tournent au rituel : les antimodernes seraient forcément des ignorants, voire des conservateurs volontiers suspects de sympathie pour le Front national (bien sûr !), les modernes, des snobs dépourvus de culture et de métier. Et l'argument, sans cesse, revient dans le débat : l'art contemporain serait encore trop neuf, trop « subversif », pour ne pas choquer le bourgeois. C'est oublier, bien sûr, que *Le Marteau sans maître*[1] porte la quarantaine, que Kandinsky et Schönberg échangeaient déjà leur célèbre correspondance… en 1913 ! Que Mondrian est né en 1872, Malevitch en 1878, Hartung en 1904 ! Et que les plus grands admirateurs de l'avant-garde ne sont pas forcément des prolétaires.

Soyons sérieux, le problème n'est évidemment pas là, et le temps, c'est bien connu, ne fait rien à l'affaire… Si le débat persiste de décennie en décennie, si un certain modernisme continue de décevoir ou d'irriter de bons esprits qui préfèrent Debussy à Boulez, et Cézanne à Buren, ce n'est pas nécessairement pour des motifs policito-idéologiques inavouables. Oui, c'est vrai, il s'est passé dans l'art de ce siècle quelque chose de radicalement neuf. Est-ce nécessairement un « progrès » ? Cette notion a-t-elle un sens en art ? Tant que nous n'aurons pas saisi jusque dans ses racines les plus profondes la nature

de cet inédit, nos débats resteront aussi superficiels que répétitifs.

Voici ce qui fut, sans doute depuis toujours, la mission essentielle de l'art : incarner dans un matériau sensible (couleur, son, pierre…) une vérité supérieure. Mais cette vérité, bien sûr, a été différemment conçue au fil de l'Histoire. Dans l'Antiquité, dire la vérité dans l'art, c'était d'abord exprimer l'harmonie du Cosmos, dans les grandes religions, la grandeur du divin, puis, dans nos démocraties humanistes, le génie humain. Sécularisation et humanisation sont les deux mots clés de cette histoire à laquelle il faut revenir, si l'on veut s'orienter dans nos débats d'aujourd'hui[2]. […]

La crise qui affecte aujourd'hui les avant-gardes ne se comprend pas hors de cette histoire de la sécularisation ou de l'humanisation de l'art. Pour l'essentiel, elle tient à la contradiction interne qui affecte d'emblée l'idée d'innovation absolue : le geste de la rupture avec la tradition et de la création du nouveau est devenu lui-même tradition en cette fin de siècle. Les signes de subversion qui ont scandé l'histoire de l'avant-garde ne nous surprennent plus. Ils se sont banalisés, démocratisés au point d'entrer eux-mêmes au musée, puis à l'école, à côté des œuvres les plus classiques. Pour le pire comme pour le meilleur, notre univers laïque tend à récuser toute référence à ce qui est extérieur aux hommes au nom d'une exigence sans cesse accrue d'autonomie. N'est-il pas normal, dans ces conditions, que l'art lui-même se soit rendu à l'impératif d'être « à l'échelle humaine ».

Tout irait pour le mieux si cette aspiration humaniste ne s'était inéluctablement traduite par une interrogation de plus en plus pressante : existe-t-il, peut-il même exister, une « grandeur moderne » ? N'est-ce pas là une contradiction en soi ? La grandeur n'est-elle pas liée de manière indissoluble à la représentation d'un univers transcendant, extérieur aux individus, et pour cette raison même imposant ? […] Comment l'être humain pourra-t-il tirer de lui-même, sans référence à un dehors radical et plus imposant que lui, le matériau d'une grandeur moderne ? Voilà, je crois, la question de cette fin de

---

1. Œuvre musicale de Pierre Boulez. Les noms d'artistes cités dans le paragraphe illustrent les débuts de l'art abstrait (Kandinsky, Mondrian, Malevitch, Hartung) et de la musique contemporaine (Schönberg).
2. L'auteur développe cet historique. L'art *s'est sécularisé* : il est passé de l'expression de la grandeur divine à celle de la grandeur des hommes (les grandes vertus). Puis il *s'est humanisé* : il n'a plus représenté que l'homme et son environnement.

siècle. Les «grands hommes» étaient censés incarner des entités sublimes: Divinité, Patrie, Raison, Révolution. Mais si je ne représente plus que moi-même, si je suis, selon le mot de Sartre, «un être qui vaut tous les autres et que tous les autres valent», comment pourrais-je prétendre instaurer ce «grand style» ou cette «grande politique» que Nietzsche appelait encore de ses vœux? [...]

L'avenir de l'art contemporain ne résidera plus bien longtemps encore dans l'idéologie pure et dure de la rupture avec la tradition. C'est plutôt dans la recherche d'une expression des nouveaux visages du sacré, d'un sacré désormais à visage humain, qu'il trouvera son salut.

Luc Ferry *Le Point*, 19 juillet 1997

4 Compréhension du vocabulaire du texte

Trouvez les mots dont voici la signification:

• *Introduction:* machine-outil servant à aplanir les routes – donner l'impression de... – glace qui n'est transparente que d'un seul côté – petit drapeau.

• *Paragraphe 1:* condamnation violente – parti d'extrême droite – révolutionnaire, inquiétant, dérangeant.

• *Paragraphe 2:* nouveauté.

• *Paragraphe 4:* toucher – immédiatement – rythmer – devenir courant, banal – refuser, rejeter – se soumettre à.

• *Paragraphes 5 et 6:* inévitablement – qui ne peut pas disparaître – qui dépasse l'homme, qui est d'ordre divin.

5 Fiche de lecture

Complétez la fiche suivante en vous appuyant sur le texte et sur vos connaissances.

1. *Origine de l'article.* Type de lecteurs visés.

2. *Contexte dans lequel cet article a été écrit.*

3. *Exposé du problème* (paragraphes 1 et 2).

4. *La thèse de Luc Ferry.*
→ historique
→ situation actuelle.

5. *La solution selon Luc Ferry.*

6. *Vos commentaires personnels.*

→ Citez quelques réalisations artistiques contemporaines françaises. Analysez ce qui vous plaît ou vous déplaît dans ces réalisations. Confrontez votre analyse avec celle de Luc Ferry.

→ Voici d'autres explications possibles du rejet de l'art contemporain. Vous paraissent-elles convaincantes?
– l'abandon de la représentation d'un monde identifiable.
– l'abandon du tableau, fenêtre sur le réel ou l'imaginaire.
– dans certains cas, l'abandon d'une certaine idée du travail de l'artiste.

Corrigés

1

a. 1. Conception..., élaboration..., mise au point..., fabrication..., création..., commercialisation...,
2. La compréhension – l'expression – l'apprentissage – la mémorisation – la lecture – l'écriture – le raisonnement.
3. Le commencement (le début) – le déroulement – la succession – la progression – l'extension – la stagnation – la diminution – le déclin – l'achèvement (la fin).
4. La candidature..., l'embauche, la signature..., l'entrée en fonction, la promotion, l'augmentation de salaire, l'obtention d'un poste important, le départ à la retraite.
5. L'ouverture de la séance, l'exposé des buts..., les présentations, les interventions, les discussions, la clôture de la séance.

b. Suffixes employés : -tion ou -(s)sion → production de noms féminins (la conception – la compréhension) ; -age → noms masculin (l'apprentissage) ; -ure → noms féminins (la lecture) ; -(e)ment → nom masculin (le raisonnement).
Autres modes de formation : forme féminine (la mise, l'entrée) ou masculine (un exposé) du participe passé – forme proche de l'infinitif (le déclin, la fin) – forme éloignée de l'infinitif (le départ).

2

2. Avoir été désigné par son parti pour être candidat en Bretagne lui pose des problèmes.
3. Le fait d'avoir toujours vécu à Paris ne lui facilitera pas la tâche.
4. Du fait de ses origines bretonnes il disposera d'un point d'ancrage.
5. Sa candidature paraîtra justifiée par le fait qu'il possède en Bretagne une résidence secondaire.
6. Le fait qu'il ait quelques amis dans la région sera son meilleur atout.
7. Rencontrer des gens, étudier leurs problèmes, s'adapter à leur mentalité sont les objectifs qu'il s'est fixés.

3

a. Caractéristiques des jeunes des années 60 et 70 : *idéalisme* – *grandeur (caractère ambitieux)* des projets – *certitude* de pouvoir changer le monde – *aveuglement* et *inconscience* quant aux conséquences – *sensibilité* à l'égard de la misère mais *indifférence* à l'égard des problèmes quotidiens – *individualisme* – *égoïsme* – *folie* (manque de bon sens) – manque de *souplesse*.
Caractéristiques des jeunes d'aujourd'hui : *réalisme* – *générosité* – sens de la *solidarité* et de la *proximité* – *inquiétude* face à l'avenir – *méfiance* à l'égard des grandes idéologies – volonté d'*efficacité* – *modestie* dans les revendications.

b. Suffixes utilisés : -isme → noms masculins correspond à un adjectif en -iste (le capitalisme, le déisme, etc.) ; -eur → noms féminins (la longueur – la hauteur) ;

-tude → noms féminins (la lassitude – la solitude) ; -ance ou -ence → noms féminins à partir d'un participe présent ou d'un adjectif verbal (la vaillance, la violence) ; -té (-eté, -ité) → noms féminins (la propreté, la légèreté) ; -esse → noms féminins (la tendresse) ; -ie → noms féminins (la jalousie, la maladie).

4

2. Il devra modérer *les côtés excessifs* de ses propos.
3. Il devra maîtriser *son comportement impulsif*.
4. *Ses habitudes dépensières* peuvent choquer.
5. Il faudra qu'il perde *ses manières aristocratiques*.

5

a. Empêcher *(endiguer)* – proposée *(avancée)* – séparé *(dissocié)* – sans aucune condition *(de manière inconditionnelle)*.
Se maintenir dans le temps *(avoir la vie dure)* – le foyer familial *(le ménage)*
après/avant... *(en aval/en amont...)*.
Possédé *(détenu)*.
Qui seraient attribuées *(redondante)* – relatif à l'impôt *(imposition)*.

b. *Une allocation* : argent attribué par un organisme à vocation sociale pour faire face à un besoin – *une prestation sociale* : allocation ou remboursement de frais (maladie, etc.) – *une bourse* : allocation destinée aux études ou à la recherche – *une retraite* – *un financement* : argent prévu pour une réalisation (projet, etc.) – *l'impôt* – *la TVA* (taxe sur la valeur ajoutée : impôt sur les biens de consommation) – *une somme* – *un versement* : argent versé (payé) – *un crédit* – *salarial* : relatif au salaire.

6

Constat : incapacité des gouvernements à résoudre le problème du chômage.
Proposition (solution) : attribution à tous les individus d'un revenu minimum (ou revenu de citoyenneté) indépendant du travail.
Justification : indépendance de plus en plus grande des revenus par rapport au travail (34 % des revenus viennent des prestations sociales) – origine collective de la création de richesse (éducation, recherche, création et développement des entreprises financés par l'État).
Implication : mutation d'ordre purement psychologique.
Moyens de financement : 1) économies réalisées sur les différentes prestations sociales – 2) impôts.
Généralisation de la proposition : extension des systèmes à tous les individus du monde – idée d'un revenu d'existence lié au temps vécu et non au temps de travail.

7

Critique de la proposition
– insuffisance du revenu proposé ;
– perte de motivation pour le travail ;
– incitation à la paresse ;

– déresponsabilisation des individus ;
– inégalité devant le travail.

Avantages de la proposition
– respect de l'individu (rémunération considérée comme un droit de l'homme) ;
– harmonisation des situations (à condition que l'allocation soit versée aux enfants) ;
– renforcement du sentiment de sécurité.

8

Les Français sont aidés grâce au système public (mais géré par différents partenaires sociaux) de la *Sécurité sociale*. Ce système est financé par des prélèvements obligatoires sur tous les revenus des personnes et des entreprises. Ce système permet :
– dans le domaine de la santé, le *remboursement* des consultations médicales (à 75 %), des médicaments (à 75 %), des interventions chirurgicales et des frais d'hospitalisation (à presque 100 %) – (les Français peuvent par ailleurs adhérer à des assurances complémentaires pour obtenir un complément de remboursement) ;
– dans le domaine du logement, l'attribution d'une *allocation logement* aux personnes qui ont de faibles revenus. Ces personnes peuvent également être logées dans des HLM (habitation à loyer modéré) ;
– dans le domaine de la famille, l'attribution d'*allocations familiales* et d'*une allocation de rentrée scolaire* (selon les revenus du foyer et le nombre d'enfants) ;
– dans le domaine du travail, *l'aide de l'ANPE* (Agence nationale pour l'emploi) pour la recherche d'un emploi, l'attribution d'une *allocation chômage* et des *stages de formation gratuits* pour les chômeurs.
Les personnes sans ressources bénéficient d'un *revenu minimum d'insertion* (RMI), de *l'aide médicale gratuite* ainsi que de certaines allocations (famille, logement…).

LEÇON 2 PAGES 8 À 11

1

Né en 1732, *Pierre-Auguste Caron* (plus connu sous le nom de Beaumarchais, une propriété de sa femme) est un homme aux multiples destins.
Tour à tour horloger dans la boutique de son père, inventeur d'un mouvement d'horlogerie révolutionnaire, professeur de harpe et de flûte, agent secret au service du roi et trafiquant d'armes sans scrupules pendant la Révolution, *Beaumarchais* est surtout resté célèbre comme auteur de deux pièces de théâtre géniales.
Œuvres remplies d'effets comiques et irrévérencieuses à l'égard des pouvoirs de l'époque, *le Barbier de Séville* et *Le Mariage de Figaro* annoncent la Révolution et inspireront des opéras à Mozart et à Rossini.

2

… roulant à 60 km/h, ne dépensant pas plus de 3 litres d'essence aux 100 km et coûtant le tiers du prix d'une voiture normale.
Cette *« toute petite voiture »* qu'on appela ensuite la 2 CV et qui fut commercialisée en 1948, avait été construite par l'ingénieur Lefèvre après 13 années de recherches. D'abord très critiquée et comparée à une boîte de conserve, *la 2 CV*, qui fut rapidement appréciée pour ses nombreuses qualités, devint la voiture populaire par excellence dans les années 50 à 70.

3

a. 2. Les pâtes, qui contiennent des sucres lents et que les sportifs consomment la veille des compétitions, augmentent la résistance physique.
3. Le chocolat, dont les Aztèques se servaient… et dont les bienfaits ont été découverts… est un euphorisant anti-déprime.
4. Le café et le thé, dans lesquels on trouve des substances stimulantes, accroissent…

b. Il y a un sujet *sur lequel*… à imaginer des formes *auxquelles* personne n'a jamais pensé et *à propos desquelles*… C'est une question *sur laquelle*… de fabriquer des exercices *grâce auxquels*… et des test *avec lesquels*… Il y a tout de même… des associations inhabituelles *à partir desquelles*… Certes, mais les recherches *auxquelles*… on peut créer un roman *dans lequel*… le rappel d'images souvenirs *avec lesquelles*… des procédés d'association, de suppression, de déplacement, *lesquels* constituent…

4

a. Idée de simplification : épurer (rendre plus pur, plus schématique) – concentrer – dépouillé (débarrassé de tout ce qui n'est pas essentiel) – pauvre.
Idée d'enrichissement : développer – l'abondance – la profusion (richesse et abondance) – le foisonnement (multiplication d'objets) – être saturé (tellement plein qu'on ne peut rien ajouter) – en avoir plein les yeux (recevoir de multiples impressions et sensations).
S'opposer à *(aller à l'encontre de)* – fatigué *(lassé)* – ébloui… *(en avoir plein les yeux)*.

b. Idée de magie : un mirage (illusion optique dans un désert) – une illusion – chimérique (rêve qui ne pourra pas se réaliser) – magique – un magicien – un prestidigitateur (personne qui fait des tours de magie).
Idée de passé : la nostalgie (regret du passé) – désuet (appartenant au passé, démodé).

c. Idée de comique : le rire (rire – éclater de rire) – la dérision (attitude qui consiste à se moquer des choses sérieuses) – grotesque (amusant à cause de son aspect bizarre et caricatural) – burlesque (parodique) – humour.
Idées de métamorphose et de déguisement : affubler (habiller de manière ridicule) – une prothèse, un appendice (élément rajouté) – métamorphoser.
Un peu *(un rien…)* – être reconnaissant de… *(savoir gré de…)* – habituel *(coutumier)* – collègue ou assistant *(acolyte)* – façon de marcher *(la démarche)* – profiter de *(tirer parti de)* – sans luxe et sans plaisir *(austère)* – un défaut *(une faille)* – qui fait du bien *(salvateur)*.

d. Un univers imaginaire *(la bulle fictive)* – trompé *(dupé)* – fort… *(à tout rompre)*.

5

1. et 2. Véritables festivals de couleurs et de mouvements, les spectacles de Philippe Découflé qui mettent

en scène une profusion de personnages dans une abondance de tableaux sont à l'opposé des tendances chorégraphiques actuelles.

3. Inspiré par le Palais des Mirages du musée Grévin et évoquant l'esthétique chimérique du début du siècle, *Shazam*, un hommage aux magiciens, nous fait entrer dans un univers merveilleux à la fois moderne et désuet.

4. Géantes ou minuscules, difformes ou affublées de prothèses les plus folles, les créatures imaginées par Découflé, qui semblent sortir des fantasmagories de l'enfance, suscitent un rire salvateur.

5. En suggérant dès le début du spectacle de ne rien prendre au sérieux, Philippe Découflé établit une connivence avec son public qui entre dans la confidence et applaudit à tout rompre.

6

a.

Caractéristiques des spectacles de Découflé
• Profusion de personnages, de tableaux, de mouvements.
• Spectacle hybride qui s'inspire des diverses formes de la fête.
• Parti pris du rire et de la dérision.
• Personnages grotesques et difformes.
• Démystification du spectacle de danse.

Caractéristiques des chorégraphies contemporaines
• Dépouillement et pauvreté.
• Spectacle épuré ne voulant montrer que le mouvement.
• Parti pris de sérieux (quelquefois sinistre).
• Beauté des corps des danseurs.
• Spectacle qu'on doit prendre au sérieux.

b. Au cinéma. Dans la tendance Découflé : les films de Fellini (profusion d'images, goût du burlesque, personnages grotesques et étranges). Dans la tendance dépouillée : le cinéma intimiste français.

c. Les bouleversements de la société (changements dans la structure familiale, incertitudes dans le domaine de l'emploi) ; la mondialisation de l'économie, l'effacement de certaines valeurs traditionnelles suscitent une atmosphère d'inquiétude face à l'avenir. Tout ce qui peut faire oublier ces réalités est donc apprécié. On veut être surpris, dépaysé, amusé.

LEÇON 3   PAGES 12 À 15

1

2. Nous avons effectué soigneusement les études techniques en tenant compte de tous les paramètres.

3. Nous avons présenté le projet selon les règles, dans la transparence, en écoutant les remarques du public, de manière que personne n'ait rien à nous reprocher.

4. C'est très attentivement et sans préjugé que nous avons écouté les remarques des gens.

5. À force de dialogue et au prix de l'abandon de certains détails du projet nous avons réussi à concilier les points de vue.

6. Nous avons réalisé le projet en suivant à la lettre le cahier des charges et sans dépassement du budget.

2

Pousser le bouchon un peu loin (exagération) → Vous ne trouvez pas que vous exagérez un peu !

Tirer la couverture à soi (égoïsme) → Vous êtes très fort pour masquer vos défauts.

Fourrer son nez partout (curiosité indiscrète) → Au lieu de surveiller les autres…

Avoir un poil dans la main (paresse) → Si quelqu'un est paresseux ici…

Monter sur ses grands chevaux (emportement) → Inutile de le prendre de haut !

Jouer les apprentis sorciers (imprudence) → Vous avez fait preuve d'une grande imprudence.

Cirer les pompes [cirer les chaussures] (flatterie) → Allez faire votre cour !

Casser du sucre (médisance) → Allez dire des méchancetés sur moi !

Faire une jaunisse (jalousie) → Avouez que vous êtes jaloux !

3

a.
2. précipitation / attentisme
3. témérité / couardise
4. expansivité / misanthropie
5. entêtement / circonspection
6. autoritarisme / laxisme
7. impétuosité / désinvolture
8. instabilité / immobilisme
9. extravagance / prosaïsme
10. obséquiosité / irrespect

b.
1. excès de soin
2. misanthropie
3. couardise, attentisme
4. entêtement
5. négligence
6. laxisme
7. instabilité
8. immobilisme, attentisme, négligence
9. précipitation, impétuosité
10. attentisme, immobilisme

4

• construction… *(une digue)* – quand la mer… *(la marée)* – véhicule… *(une navette)*
• reproduction… *(une maquette)* – quand l'eau coule *(un écoulement)* – construction… *(un barrage)*
• ancienne construction… *(une citadelle)*
• les eaux de mer… *(les flots)* – cuisse de mouton… *(un gigot)*
• s'inquiéter *(s'alarmer)* – la terre solide *(la terre ferme)* – décidé… *(arrêté)* – découragé *(rebuté)* – craindre *(redouter)* – personne qui exploite… *[un(e) gérant(e)]*
• ce que l'on peut gagner… *(un enjeu)* – répondre… *(rétorquer)* – désaccord *(une discorde)*

5

Personnes réticentes et sujets de craintes
• … (voir exemple).

• *Les exploitants agricoles* (éleveurs de moutons et cultivateurs des polders) : risque d'inondation des terres lors des marées.

• *Les commerçants* installés dans la citadelle : l'accès au Mont Saint-Michel sera plus difficile. Cela risque de décourager les touristes. Or, c'est le tourisme qui fait vivre les commerçants.

Promoteurs du projet et arguments de défense

→ ... (voir exemple).

→ Ces craintes ont été prises en compte. Les calculs ont été faits avec soin.

→ *Le président du conseil régional* (qui est aussi président du syndicat État-collectivité qui gère le programme) : efficacité et gratuité de la navette entre le parking et le site – le projet est conçu pour satisfaire les intérêts de tous.

6

... L'ancienne digue sera remplacée par un pont sur lequel ne circuleront plus que les véhicules des habitants du Mont Saint-Michel et ceux qui assurent les livraisons. Les touristes gareront leurs véhicules sur la côte et se rendront sur le site grâce à une navette. Cette réalisation permettra à la mer de circuler autour du Mont et arrêtera l'ensablement progressif de la baie.

Ce projet suscite certaines craintes. Tout d'abord celles des écologistes qui craignent que le rétablissement des courants ne bouleverse l'équilibre naturel de la baie. Par ailleurs, les éleveurs et les cultivateurs de la côte redoutent que leurs terres ne soient inondées lors des grandes marées. Enfin, les commerçants du site craignent que les touristes ne soient rebutés par les nouvelles conditions d'accès à l'abbaye.

Pour leur défense, les promoteurs du projet font valoir les arguments suivants. Des études précises sur les futurs mouvements des eaux ont été réalisées sur maquette et les risques d'inondations ou de déséquilibre écologique sont donc écartés. Le système de transport par navette sera gratuit et efficace. Le projet, qui émane de la région, a été conçu pour satisfaire les intérêts de tous.

7

a. Au patrimoine culturel : les mégalithes de Carnac, le Pont du Gard, les arènes d'Arles, le théâtre antique d'Orange, etc.
Au patrimoine naturel : les Landes, la baie de Somme, la Camargue, le marais poitevin, etc.

b. *Parc national* : zone naturelle où la flore et la faune sont protégées. Les constructions sont interdites et l'accès est réglementé (déchets, animaux domestiques interdits, etc.).
Parc régional : zone naturelle habitée mais qui doit être protégée parce qu'elle est intéressante.
Réserve naturelle : zone naturelle qui doit être protégée de toute intervention humaine parce qu'elle abrite des espèces animales ou végétales rares. L'accès est strictement réglementé (véhicules interdits).

c. L'État : ministères de l'environnement, de l'agriculture et de la pêche, de la culture (monuments historiques). Le représentant de l'État dans le département (le préfet).
Les collectivités locales : la municipalité (le maire et les adjoints concernés par le projet), le conseil général (et en particulier le conseiller général du canton), le conseil régional.
Les syndicats de professionnels concernés (agriculteurs, commerçants).
L'office du tourisme.
Les associations culturelles et sportives (historiens, pêcheurs, chasseurs, randonneurs, etc.).
Les associations et partis politiques.

1

b. Est-ce qu'avec ce type de billet, j'ai le droit de changer la date de mon retour ? – Ah non, je suis désolé vous n'y êtes pas autorisé.
c. Est-ce que vous me permettez de stationner ici cinq minutes, j'ai juste une course à faire à la pharmacie ? – Je veux bien le tolérer mais cinq minutes pas plus.
d. Est-ce qu'en contrepartie de cette augmentation vous accepteriez de travailler le samedi ? – Non, nous ne ferons aucune concession.
e. Est-ce que vous me donnez l'autorisation de faire mon stage dans l'entreprise Alma ? – D'accord, j'y consens.
f. Est-ce que vous m'autorisez à ne pas venir à la réunion hebdomadaire ? – D'accord, je vous en dispense.

2

... nous allons devoir *suivre (observer)* des consignes très précises... je vous demanderai d'*observer (suivre)* mes instructions...
D'abord vous serez *obligé de* rester à mes côtés...
À l'entrée, il faudra *vous soumettre* à une fouille... Ensuite, vous serez *tenu de* revêtir...
Les personnes qui travaillent ici sont *tenues (astreintes)* au devoir de réserve. Vous serez donc *contraint* au silence absolu... il n'est pas *censé* répondre à toutes vos questions... je suppose que vous comprenez pourquoi nous vous *imposons* des règles... à y *obéir* ?

3

b. Il est impératif de prévoir un service d'ordre.
c. Il serait bon (souhaitable) d'envoyer les invitations avant le 15 avril.
d. Il conviendrait d'inviter quelques personnalités.
e. Il est important qu'on dise quelques mots pour remercier les sponsors.
f. Il serait intéressant de demander l'avis d'un spécialiste.
g. Il serait possible de demander au directeur du théâtre du Printemps de venir nous donner son avis.

4

a. Je te propose... J'ai bien envie... Je tiens à aller voir cette exposition.
b. Je vous conseille de nous rejoindre... Je vous demande... Je vous donne l'ordre de...
c. Je souhaiterais que vous vous arrêtiez... Je désire que vous vous arrêtiez... Je vous supplie de vous arrêter.
d. J'aimerais bien que tu viennes... Je veux que tu viennes... J'exige que tu viennes.

a. 1. nécessiter *(requérir)* – acquérir *(intégrer)*

2. l'échec... *(se solder par...)*

3. la base *(le fondement)*

5. engager *(recruter)*

7. évident *(manifeste)* – par elle-même *(en soi)*

8. aider *(assister)*

9. la marque *(le label)*

10. haut degré de perfection *(l'excellence)*

11. argent destiné au fonctionnement *(les fonds)* – prendre en charge *(assumer)*

12. le fait d'être reconnu... *(légitimité)*

13. pour qu'elle dure... *(pour être viable)* – accord... *(bilatéralisme)*.

b. *Justification du projet...* : 1, 3

Erreurs à éviter et conditions de succès : 2, 6, 7, 8, 9, 10, 13

Détails du projet : 4, 5, 11, 12

6

1. Les auteurs proposent la création d'une université européenne (et à terme de plusieurs universités) où les jeunes acquerraient un véritable esprit européen. Cette institution serait le plus solide fondement de l'Union européenne. Elle transmettrait les valeurs et la culture que partagent les citoyens de l'Europe, leur ferait accepter l'idée européenne et faciliterait leur mobilité à l'intérieur des pays de l'Union.

2. Pour que cette université soit un succès, il conviendrait qu'elle se démarque à la fois des établissements à vocation européenne déjà existants (beaucoup trop spécialisés) et des universités qui assurent l'enseignement de masse (trop surchargées et manquant de moyens). Par ailleurs, il est capital que l'enseignement y soit donné en plusieurs langues, que ce soit un lieu d'excellence et de recherches et que les étudiants soient véritablement pris en charge avant, pendant et après leurs études. Enfin ce projet devrait être porté par un groupe important de pays et ne pas être seulement le résultat d'un simple accord bilatéral.

3. Il est nécessaire de répartir les universités européennes dans plusieurs pays d'Europe. Elles couvriraient tous les cycles d'études dans toutes les disciplines et les diplômes seraient reconnus dans tous les pays de l'Union. Leurs financements seraient assurés par les pays membres mais également grâce à une participation des familles remplacée par une bourse pour les étudiants les plus pauvres. Cette participation serait un gage de légitimité.

7

a. Exemple d'influences italiennes en France : emprunts de mots de la langue à partir du XVIe siècle (vocabulaire de la Cour, de la musique, de la banque, etc.) – architecture des bâtiments du sud de la France, influence dans les arts au XVIIe siècle (art baroque) – goût pour la cuisine italienne (pâtes, pizzas), pour l'opéra italien.

Influences françaises : des mots français sont passés dans les langues des pays d'Europe aux XVIIe et XVIIIe siècles – influence de l'idéologie de la Révolution française – influence d'écoles artistiques comme l'impressionnisme, le cubisme, le fauvisme qui sont nées à Paris et ont inspiré de nombreux artistes.

b. 1. La construction de l'Europe est souhaitable

– ses pays ont continuellement été en guerre au cours de l'Histoire. L'Europe ferait disparaître les raisons de conflit : revendications d'autonomie, revendications économiques, etc. ;

– les pays d'Europe ne peuvent pas affronter isolés les défis économiques du XXIe siècle ;

– le déséquilibre entre petits pays et pays plus puissants doit se résoudre par l'effacement des frontières et la complémentarité.

2. La construction de l'Europe est possible

– les différents pays ont eu *grosso modo* la même histoire : influence romaine, influence germanique, rapprochement des monarchies, etc. ;

– la culture et les langues ne sont pas très éloignées ;

– les pays ne sont pas géographiquement éloignés. L'Europe se traverse en 2 h 30 d'avion ;

– le début de l'histoire de la construction européenne montre que cela est possible.

c. *Marché commun* : accord entre les pays d'Europe portant sur les productions agricoles et leur commercialisation et visant un équilibre général (éviter une concurrence inégale, facteur de protectionnisme, etc.).

Union européenne : organisation de l'Europe définie par le traité de Maastricht (1992) (union économique et monétaire, début d'union politique et de défense).

Parlement européen : assemblée de députés élus dans chaque pays de l'Union européenne. Oriente, conseille et contrôle l'exécutif (conseils des ministres et commission européenne).

Conseil de l'Europe : organisme qui a pour tâche de resserrer les liens entre les pays d'Europe. Soutien des projets éducatifs, scientifiques et sociaux.

Élargissement de l'Europe : depuis la création en 1944 du Benelux réunissant la Belgique, les Pays-Bas et le Luxembourg, l'Union des pays d'Europe n'a cessé d'intégrer de nouveaux membres. En 1999, l'Union européenne était composée des pays de l'Europe occidentale et scandinave (sauf la Suisse). La plupart des pays de l'Europe de l'Est avaient posé leur candidature à une adhésion.

d. Réalisation dans le domaine de l'astronautique (lanceur Ariane, plusieurs satellites d'observation et de télécommunication).

Réalisation de l'avion d'Airbus.

Programmes de recherches dans tous les domaines (Programmes Eurêka).

Programmes éducatifs (Lingua, Socrate, etc.).

Projets (en cours de réalisation) de grands axes routiers et ferroviaires.

 LEÇON 5   PAGES 20 À 23

1

b. Évolution de la peinture. Jusqu'au XIXe siècle, la peinture représentait surtout la réalité. Elle avait pour fonction de conserver les témoignages du présent. Elle pouvait être un substitut du livre. Elle jouait donc un double rôle pédagogique et décoratif. À partir du milieu du XIXᵉ siècle trois changements se sont produits. La photographie a été inventée et la peinture a perdu ses fonctions de témoignage et de support éducatif. Par ailleurs, les découvertes scientifiques ont montré que la réalité était plus complexe que ce qu'on en percevait. Enfin, le développement de la psychologie a conduit les peintres à s'intéresser à leur monde intérieur.

Conséquences de ces changements, au début du XXᵉ siècle de nouvelles orientations apparaissaient qui allaient marquer pour longtemps les arts plastiques. Le peintre ne s'efforçait plus de représenter la réalité, il créait une réalité nouvelle ou évoquait ses rêves et son univers intérieur.

Évolution du métier de vigneron. Jusque dans les années 40 le vigneron était un travailleur autonome qui possédait une petite exploitation et faisait son vin lui-même. À cette époque le travail de la vigne était encore essentiellement manuel. C'est à partir des années 40 que les caves coopératives se sont développées et que le vigneron a peu à peu perdu son autonomie. Le travail s'est progressivement mécanisé et a exigé moins de main-d'œuvre. La concurrence s'est accrue et la demande s'est caractérisée par une exigence croissante de qualité.

Aujourd'hui, le vigneron est devenu un chef d'entreprise. Seules les grandes exploitations qui produisent un vin de qualité peuvent survivre à condition qu'elles accordent beaucoup d'importance à la commercialisation des produits.

2

a. • ... lui ont imposé une profonde *mutation*.
• Les zones périphériques *se sont considérablement développées*. Les quartiers semi-ruraux *se sont métamorphosés* en grands ensembles.
• Ce nouvel urbanisme *a* profondément *modifié* nos modes de vie.
• Heureusement, le centre-ville n'*a* pas *été* totalement *bouleversé*.
• ... il a réussi à *se maintenir (perdurer)*.
• un quincaillier qui *persiste* à travailler... Il contribue à *perpétuer* la tradition... Mais pendant combien de temps pourra-t-il *subsister (se maintenir)* ?
• ... qu'il *perdurera (se maintiendra)* longtemps.

b. Idée de changement: changer, évoluer, se modifier, se transformer, se renouveler, muter, progresser, s'adapter, etc.
Idée de permanence: (se) conserver, rester, demeurer, durer, s'éterniser, continuer, se prolonger.

3 Voir tableau au bas de cette page.

4

1. dormir... *(à la belle étoile)* – secoué... *(brinquebalant)* – parasite... *(amibe)* – parcourir... *(sillonner)*
2. compagnon... *(coéquipier)*
3. voyage... *(errance)* – bien défini *(calibré)* – caractéristiques *(profil)*
4. repères... *(balises)* – voyager... *(barouder)*
7. rechercher un objet... *(chiner)*

5

a. et b.
Au cours des années 70 et 80, les jeunes qui voyageaient partaient souvent à l'aventure avec des budgets limités. Ils acceptaient des conditions de vie précaires et les destinations exotiques permettaient de longs séjours à faibles coûts. Ces voyages avaient toujours un aspect improvisé et les groupes se faisaient et se défaisaient au hasard des rencontres et des itinéraires. C'était l'époque où les babas cool remplissaient les auberges de jeunesse.

D'après les professionnels, l'attitude des jeunes face au voyage s'est modifiée au début des années 90. Cette évolution est due à deux causes principales. D'une part, la population qui voyage s'est élargie à toutes les couches sociales. D'autre part, la possibilité d'interrompre ses études ou de se libérer un ou deux ans avant d'entrer dans la vie professionnelle a quasiment disparu.

Ce qui caractérise le voyageur d'aujourd'hui, c'est donc le manque de temps. Il est soucieux d'organisation et de confort. Il prépare soigneusement ses voyages en utilisant guides et nouvelles technologies. Il a plus souvent recours aux agences de voyage et part quelquefois avec sa famille. Beaucoup cherchent à autofinancer leur voyage ou à faire en sorte qu'il leur soit utile (séjour linguistique, stage, activité rémunérée ou recherche d'emploi).

Sujets	Amélioration	Dégradation
mécanique	perfectionner – remettre en marche – réparer	casser – détraquer
objet fragile	réparer	casser
végétal	s'épanouir (fleur)	s'étioler (fleur) – pourrir (fruit) – se gâter (fruit)
compétence	améliorer – perfectionner – progresser	régresser – se perdre – décliner
santé	(s')améliorer	s'aggraver – décliner – se dégrader
construction	rénover – reconstruire – réparer	se dégrader – se délabrer – s'effondrer – endommager
organisme vivant	se rétablir – se régénérer	dégénérer
un caractère	se bonifier – s'amender	se gâter
un défaut	se corriger	s'aggraver
un goût, une saveur	s'épanouir – s'améliorer	se dénaturer – s'altérer

	Années 70	Années 90
Contexte politique, économique et social	Période de croissance et de plein emploi. Mai 68. Obtention de nombreux avantages sociaux.	Augmentation du nombre de jeunes. Allongement des études. Chômage.
Aspirations	Revendications libertaires et égalitaires.	Fin des grandes idéologies. Aspirations concrètes (travail, sécurité). Valeurs humanitaires.
Signes extérieurs	Goût pour le naturel. Recherche des produits bon marché. Goût pour l'exotisme. Cheveux longs.	Signes d'une recherche individualisée. Importance des marques à la mode. Cheveux courts.
Attitude envers la famille	Rejet de la famille. Besoin d'autonomie précoce.	Famille perçue comme un lieu sécurisant.
Attitude envers la société	Idéologie de la révolution.	Pas de mise en cause des fondements de la société qui doit toutefois se réformer et s'adapter.
Exemples de regroupement	Vie communautaire dans la vieille ferme d'une région qui se dépeuple. Groupement autour d'un idéal à la fois politique et culturel.	Phénomène des bandes des banlieues. Grands rassemblements pour faire la fête (raves). Regroupements à but culturel, humanitaire.

LEÇON 6

1

a. cœur → partie du corps humain, organe / lieu
glace → ustensile / dessert
avocat → juriste / fruit
bizutage → rite, tradition
télévision → moyen de transmission des images
grippe → maladie
communisme → système politique
liberté → notion, valeur
exclus → groupe social
Sécurité sociale → organisme
l'ENA → grande école, établissement
mémoire → faculté intellectuelle

b. La Comédie française est un théâtre où l'on joue... et qui a été fondé en 1680. Le bonheur est une idée dont on commence à parler... L'égalité est une notion à laquelle les Français sont très attachés et qui fait partie de la devise de la France. Le camembert est un fromage qui est produit en Normandie. Le roquefort est un fromage qui est produit... et dont Charlemagne a fait la réputation.

2

• ... la police nationale qui *relève* du ministère de l'Intérieur, la gendarmerie qui *fait partie* du ministère de la Défense et les polices locales qui *dépendent* des municipalités *(ces 3 verbes sont interchangeables)*.
La coopération... est un *élément* important...
• P. Blanc est un *membre*... qui est une *composante* de...
• ... on ne peut pas dire que son œuvre *appartienne* à ce mouvement... ses romans... *se rattachent* à l'esthétique surréaliste. Ses personnages *participent* du même esprit...

3

2. Un huissier est un officier ministériel dont le rôle est de faire exécuter les décisions de justice et auquel on a recours pour faire un constat.

3. Le Minitel est un petit terminal... qui sert à consulter des banques de données mais que les Français utilisent surtout pour...

4

• Le quotidien *Le Monde* se caractérise par son format moyen, son absence de photos et de couleurs, et le sérieux de ses informations. Sa particularité est de paraître l'après-midi. En comparaison avec les autres quotidiens nationaux, il est plus austère... Sa spécificité est d'être moins engagé politiquement.
• L'essence de la poésie de Verlaine est la traduction... Par opposition à celle de Rimbaud, la poésie de Verlaine se définit par son caractère paisible et sa musicalité.
• Le cinéma de Luc Besson est marqué par la beauté, la force et la violence des images. Par rapport aux autres productions françaises, il a pour caractéristique de ne pas être un cinéma intimiste.

5

[Synthèse des idées relevées dans les textes. Les phrases soulignées présentent des connaissances qui auraient pu être notées dans la dernière colonne du tableau.]
Alors que dans beaucoup de pays, le mot « république » évoque seulement des événements historiques révolutionnaires, en France, la République est une notion complexe qui recouvre une véritable idéologie. La vision française de la République se caractérise par quatre idées qui figurent dans la première phrase de la Constitution de 1958.

1. L'idée d'indivisibilité
Les Français perçoivent leur Histoire comme un long processus d'unification territoriale, culturelle et linguistique. L'instauration de la République correspond à la dernière étape de cette unification. La notion d'indivisibilité recouvre donc celle d'intégrité d'un territoire à l'intérieur duquel les spécificités régionales ne doivent en aucun cas mettre en cause le sentiment d'une identité nationale. Ce sen-

timent identitaire s'est construit à partir de la fin du XIXᵉ siècle grâce à l'école publique.

2. L'idée de laïcité

Elle correspond aux idéaux de liberté et d'égalité *qui ont inspiré la Révolution de 1789* et qui figurent dans la devise de la France. Toutes les croyances ont droit au respect. Les citoyens français sont égaux devant la loi sans distinction d'origine, de statut social, de fortune, de race ou de religion. La laïcité dont l'école publique est le creuset imprègne toutes les institutions.

3. L'idée de démocratie

La République a pour principe « gouvernement du peuple, par le peuple, pour le peuple ». *Grâce à la division du territoire en subdivisions administratives, qui sont gérées par des représentants élus au suffrage universel,* personne n'est exclu des affaires publiques qu'elles soient communales, cantonales, départementales, régionales ou nationales. *La liberté d'instauration de contre-pouvoirs (syndicats, associations, etc.) renforce la démocratie.*

4. L'idée sociale

La qualification de « république sociale » renvoie à deux traits distinctifs de la République française :
– **l'idée de fraternité** inscrite dans la devise de la France. Elle induit le sentiment que chacun appartient à un corps social (la nation), et travaille pour la paix, le progrès et le bien de tous. La fraternité se manifeste symboliquement lors de commémorations régulières (fête nationale) ou occasionnelles (bicentenaire de la Révolution). *Elle se manifeste concrètement lorsqu'une partie de la nation est en difficulté (agression étrangère sur une partie du territoire)* ;
– **l'idée de solidarité**. C'est une conséquence concrète et moderne de l'idée de fraternité. La nation représentée par l'État se doit de porter assistance à ceux qui en ont besoin. Qu'il s'agisse de l'affaiblissement d'une solidarité locale (la famille qui ne remplit plus ses devoirs à l'égard des enfants, des personnes âgées, de ses membres en difficulté), *qu'il s'agisse d'une catastrophe naturelle, de l'effondrement d'une entreprise ou d'un secteur d'activité*, l'État est là pour porter assistance en faisant participer la collectivité.
République, Nation, État sont en France les trois facettes d'une même réalité. C'est pour faire respecter les hautes ambitions de la République que la France s'est dotée d'un État fort. C'est parce qu'il est l'émanation de la Nation que cet État est respecté.

LEÇON 7

1

Il était une fois... qui *du matin au (jusqu'au) soir*...
Il faisait ce travail *depuis* son plus jeune âge...
C'était particulièrement dur *pendant* l'été...
Or, il y avait (cela faisait) des années que le dieu...
En quelques secondes, il fut transformé...
« *Désormais*, je suis le plus heureux... »
Pourtant, *au bout de* quelques minutes...
Cela faisait (il y avait) une heure qu'il s'amusait...
En l'espace de quelques secondes, il fut dispersé...

... s'écria-t-il, *d'ores et déjà*, j'ai survolé Paris ; *dans* deux heures, je serai au-dessus de Lyon, *d'ici à* ce soir, j'arriverai à Venise !
... sans perdre son souffle *jusqu'à* ce qu'il rencontre une énorme montagne...
Dorénavant, on ne pourra rien contre moi...
À partir de ce moment-là...

2

1. *Avant d'acheter* le night club « Le Marinella » Paul Dufour *travaillait* à la banque Legendre. *Auparavant, il avait travaillé* comme comptable...
2. En 1997, Paul Dufour *a été renvoyé* de la banque Legendre *après qu'on eut découvert* des erreurs dans sa comptabilité. *Par la suite, il est resté* six mois sans emploi *avant qu'il ne devienne* propriétaire du « Marinella ».
3. Le 10 octobre 1998, jour du cambriolage, *au moment où il est sorti de* chez lui, à 10 h, *il a rencontré* dans l'escalier un voisin...
4. *Aussitôt qu'il eut quitté (qu'il a eu quitté)* son domicile, *il s'est rendu* au café Mazurier...
5. *Avant que son amie Hélène ne vienne* le rejoindre, *il n'a pas quitté* le café.
6. *Avant de sortir* du café à 11 h Paul Dufour *a reçu* un coup de fil *alors qu'il prenait* son petit déjeuner avec Hélène.
7. *Dès qu'ils eurent quitté* le café Paul et Hélène *sont allés* faire une promenade.
8. Le cambriolage *a eu lieu pendant que Paul était* dans le café.

3

• À partir de quand avez-vous travaillé dans la société de transport ?
• Pendant combien de temps y êtes-vous resté ?
• À quelle date êtes-vous entré à la banque Legendre ?
• Au bout de combien de temps avez-vous été renvoyé ?
• Combien de temps avez-vous mis pour aller de chez vous au café ?
• Quand votre amie est venue vous rejoindre, il y avait combien de temps que vous étiez dans le café ?
• Jusqu'à quelle heure êtes-vous restés au café ?
• Quand vous avez reçu le coup de fil depuis combien de temps Hélène était-elle là ?
• Combien de temps a duré ce coup de fil ?

4

a.
Lignes 1 à 10
• Le texte explique les raisons pour lesquelles le théâtre français n'a pas eu de grands auteurs depuis les années 70. L'auteur présente ces raisons à travers un historique du théâtre depuis cette période.

Lignes 11 à 32
Le théâtre populaire a voulu faire connaître les grandes œuvres de la tradition française à toutes les classes de la société. C'est donc une entreprise éducative. Cette politique s'est concrétisée par la création de théâtres nationaux et régionaux populaires, par des tarifs réduits accordés aux entreprises, administrations et scolaires, par des mises en scène adaptées au grand public et par

les préoccupations théâtrales des organismes d'éducation permanente (parascolaires). En province, le festival d'Avignon a été le meilleur exemple de cette entreprise.

Lignes 33 à 49

• Représentant du théâtre dit « de l'absurde ».
Ionesco : *La Cantatrice chauve, La Leçon, Rhinocéros, Amédée ou Comment s'en débarrasser, Le Roi se meurt.*
Beckett : *En attendant Godot, Fin de partie.*

• Particularités de ce théâtre : absence d'intrigue, absence de psychologie des personnages, absurdité et aspect illogique de l'enchaînement des scènes et des répliques. C'est un théâtre qui tourne en dérision tous les aspects du théâtre traditionnel et du théâtre de la génération précédente (Anouilh, Sartre, etc.).

Lignes 50 à la fin

• Formes théâtrales et idées :
1. mode de l'improvisation ; l'acteur comme unique source du spectacle ; goût de la provocation ;
2. créations collectives ;
3. dynamitage de l'ordre établi ; goût de la provocation ;
4. rôle essentiel dévolu à la mise en scène ; triomphe de l'image, du mouvement, de la couleur ;
5. démystification du théâtre qui retrouve ses racines populaires ; priorité du jeu des acteurs sur le spectacle ;
6. nouvelles formes de théâtralité, création collective ; le groupe de comédiens à la fois auteurs, metteurs en scène, acteurs, techniciens.

b. Il est certain que depuis les années 70 aucun auteur francophone de théâtre n'a atteint la notoriété que pouvaient avoir un Anouilh, un Sartre ou un Ionesco dans les années 50 et 60. Cette crise des auteurs s'explique par des raisons historiques.
Tout d'abord, le vaste mouvement pour le théâtre populaire qui s'est développé à la fin des années 50 n'a rien fait pour encourager les jeunes auteurs. À cette époque, le théâtre de l'absurde avec Ionesco et Beckett brouillait les repères du théâtre traditionnel et leurs pièces auraient été rejetées par un public peu cultivé et nouveau venu au théâtre. Or, l'entreprise pédagogique du théâtre populaire était justement de rassurer, d'initier et de prouver que les classes culturellement défavorisées pouvaient elles aussi apprécier les grandes œuvres du répertoire. Rien d'étonnant si Molière, Musset ou Brecht furent préférés à ceux qui semblaient vouloir la mort du théâtre traditionnel.
Le foisonnement de recherches et d'expériences qui ont suivi la période contestataire de mai 68 a achevé la mise à l'écart des auteurs. Qu'il prenne la forme de manifestations éphémères et improvisées (happenings, théâtre de rue), de spectacles à faibles moyens (café-théâtre) ou de réalisations ambitieuses (mises en scène de Strehler ou de Jérôme Savary), le théâtre est dominé par deux utopies :
– l'une qui affirme la toute-puissance de l'acteur inspirateur de son propre spectacle ;
– l'autre qui fait du metteur en scène le véritable créateur de ce qui est donné à voir aux spectateurs.
Dans les deux cas le spectacle est prioritaire et le texte dévalorisé.

1

• L'augmentation de la consommation de tranquillisants *est le signe de* l'anxiété des Français.
– Pas du tout, la multiplication des fêtes *témoigne* au contraire de leur optimisme.
• Mais l'augmentation du chômage *est symptomatique* de la mauvaise santé de l'économie.
– Je ne suis pas d'accord. Le fait que notre PIB soit le deuxième d'Europe *est significatif* de la bonne santé de l'économie.
• Le développement de l'illettrisme *signifie* la baisse du niveau d'instruction.
– Le fait que presque 80 %... *indique* au contraire une hausse de ce niveau.
• La multiplication des animaux domestiques *reflète* la solitude des gens.
– La multiplication des associations *révèle* au contraire qu'ils ont plaisir à être ensemble.
• Les nombreuses affaires de corruption *laissent présager* une régression des valeurs morales.
– Mais l'intérêt pour les causes humanitaires *augurent* de leur progression.

2

Dans notre société, les hommes avancent *masqués*...
Ils savent *dissimuler* leurs sentiments...
Ils *se déguisent* en costume cravate...
Quand on cherche..., ils *se dérobent* à nos questions et gardent le secret...
Les médias... *étouffent* certaines affaires.
Ils *jettent un voile pudique* sur les gaspillages...
Ils *occultent* les vraies préoccupations...
Et les agitations des stars *éclipsent* les vrais problèmes...
Avec la graphologie, vous *découvrirez* la véritable personnalité...
Vous *mettez en lumière* leurs qualités. Vous *percerez à jour* leurs défauts.
Vous *démasquerez* ces imposteurs...
Quant à l'astrologie, elle vous *révélera* les secrets...
Elle vous *dévoilera* les mystères...

3

a. Ce témoignage *pose le problème* des conditions dans lesquelles vivent certaines personnes. Il *suscite* toutefois des réflexions sur la façon dont les immigrés survivent en important leur mode de vie. Il *remet en question* l'idée qu'il n'y a pas de communication possible entre des personnes appartenant à des univers sociaux et culturels différents.

b. Le phénomène des raves *correspond aux* virées de nuit avec la voiture de papa que l'on empruntait à son insu dans les années 60, aux farces de mauvais goût que les jeunes faisaient aux adultes à l'occasion du conseil de révision. Il s'agit de transgresser les interdits.
Ce phénomène *se rapproche* aussi des grands rassemblements de style Woodstock. Il *se rattache* à d'autres manifestations d'un goût pour les plaisirs nouveaux (les sports extrêmes, la nourriture exotique, etc.).

c. L'idée d'une « société du spectacle » *se manifeste par* le rôle que joue la télévision dans notre vie.

Elle *se matérialise dans* la notion d'« image » qui est devenue aujourd'hui l'un des principaux critères de jugement des personnes (avoir une bonne ou une mauvaise image ; travailler, améliorer son image, etc.).

Elle *est illustrée par* l'importance qu'on accorde à l'apparence des personnes, par le fait qu'il ne suffit plus de faire mais qu'il faut aussi faire savoir, par le nombre croissant dans le langage courant, de métaphores puisées dans le domaine du spectacle (jouer un rôle, passer la rampe, etc.).

4

1. signe… *(lever les yeux au ciel)* – déchiré… *(en charpie)* – déçu *(désabusé)*
2. qui peut être considéré… *(du même ordre)* – saisir *(s'emparer de)* – presque *(quasi)*
3. faire la fête… *(s'éclater)* – une bonne affaire *(aubaine)* – les dirigeants… *(les hautes sphères)* – porter avec fierté *(arborer)* – faire plus… *(en rajouter)* – de peu *(d'un poil)*
4. vouloir… *(ne pas vouloir être en reste)* – un miracle… *(… qui n'est pas à un miracle près)* – métamorphose *(avatar)*
5. le mélange… *(la mayonnaise… ne prend pas à chaque coup)* – mettre le feu *(embraser)* – excitant *(grisant)*.

5

• *La mort de la princesse Diana* → événement élevé à la dimension d'un mythe par les médias – événement transformé en légende.
• *Mai 68* → espérance d'un autre monde – besoin de fête. Mais différences : la Coupe du monde a eu un effet de réconciliation nationale autour d'une équipe victorieuse.
• *Déclarations des hommes politiques chinois* → alliance du nationalisme le plus chauvin et des aspirations mondialistes.
• *L'implosion du communisme, la chute du mur de Berlin* → L'Histoire est imprévisible. Elle dépasse les hommes. N'importe quoi peut devenir historique d'une manière inattendue.

6

a.
• À l'école, les enfants font en moyenne 3 heures d'éducation physique et sportive par semaine. Ces heures peuvent être dispersées dans la semaine et placées à n'importe quel moment de la journée (entre une heure de français et une heure de mathématiques par exemple). Le sport est doté d'un faible coefficient dans la notation des élèves. Il n'est pas considéré comme une matière importante.
• Les Français sont de plus en plus nombreux à pratiquer une activité physique. Celle-ci est considérée surtout comme un moyen de rester en forme physiquement et intellectuellement. La pratique sportive est surtout individuelle et informelle. L'esprit de compétition y est absent et les inscriptions à des fédérations sont en diminution. Les sports les plus pratiqués régulièrement sont la gymnastique (pour les femmes), la natation (hommes et femmes), le jogging, le tennis et le cyclisme (pour les

hommes). Les sports les plus pratiqués occasionnellement sont la natation, le cyclisme, la randonnée, le ski et le tennis.

b.
• **Manifestations sportives qui passionnent les Français.** Jeux olympiques et Coupe du monde de football. Coupe de France de football (printemps). Tour de France cycliste (juillet). Rallye Paris-Dakar (janvier). Sont également très regardés à la télévision : les championnats de patinage artistique et les grands matches de football et de rugby.
• **Opinion des Français sur leur niveau.** Si, aux Jeux olympiques, la France parvient quelquefois au cinquième rang mondial pour le nombre de médailles, c'est en général grâce à des disciplines secondaires comme l'escrime, l'équitation ou le saut à la perche. En conséquence, les Français ne se font pas une idée très élevée de leur niveau en sport, sauf dans des disciplines comme le cyclisme ou la compétition automobile. Ce point de vue doit être toutefois nuancé.
• Dans certains sports comme le ski ou certaines disciplines d'athlétisme, la France a connu, dans le passé, des heures de gloire. Pourquoi n'en connaîtrait-elle pas encore ? La victoire en Coupe du monde 1998 l'a confirmé. On attend toujours la « divine » surprise.
• Il existe un mythe tenace : celui de Poulidor, célèbre champion cycliste doté de grandes qualités d'endurance mais qui, par malchance, arrivait toujours deuxième lors des compétitions. Dans l'imaginaire français, les champions qui portent les couleurs de la France jouent souvent de malchance.

LEÇON 9

1

a. La diffusion de la langue française *est une composante de* la politique…
Les acteurs de cette diffusion *forment* quatre groupes.
Les missionnaires… *font partie des* pionniers de la francophonie…
Ces écoles *constituent* encore aujourd'hui un vecteur important…
L'ensemble… Il *comprend* les Alliances françaises, les écoles de la Mission laïque,
Les centres d'examen de la Chambre de commerce… *appartiennent* aussi à cette catégorie.
L'Alliance Française *compte* plus de mille centres…
Le groupe des organisations francophones qui *englobe* l'ACCT, l'AUPELF,
L'État français. Son action *comporte* différents aspects…

b. 1. les services – 2. les membres – 3. les pièces – 4. les parties – 5. les moments – 6. les composantes – 7. les chapitres – 8. les dossiers – 9. les éléments – 10. les branches – 11. les modules – 12. les quartiers.

2

… Il en connaît bien tous les *rouages*.
Pendant dix ans il a été la *courroie de transmission* entre la maison mère et ses filiales.

Aujourd'hui, il est *aux leviers de commande* d'une de ces filiales.
… l'entreprise *tournait à plein régime*.
la baisse… *était le moteur* de son développement.
Mais la *belle mécanique s'est détraquée*…
Aujourd'hui tous les *clignotants sont au rouge*.
L'entreprise est *entrée dans l'engrenage* des prêts bancaires.
Elle avait des projets… Elle a dû *faire machine arrière*.
Elle envisage des *dégraissages*.

3

a. • Le chômage est la *préoccupation principale*… Il y consacre de *gros efforts*. Le ministre du Travail a exposé *l'essentiel* de sa politique.
• … cette entreprise a dû abandonner certaines activités *secondaires* pour accorder *toute son importance* à son activité principale.
• Manifestation de *moindre importance*, le spectacle poétique…
• M. D. ne joue plus qu'un *rôle secondaire* dans son parti… Il ne représente plus qu'une *quantité négligeable* de militants. On lui reproche d'être *à l'occasion* mégalomane et de se donner *beaucoup trop d'importance*.

b. Un grand économiste était invité par *un cercle de chefs d'entreprise*. Il a traité de *différents points* qu'il a abordés *sous un angle humoristique*. Il a notamment parlé de *la spirale inflationniste* et a approuvé *la ligne politique* du gouvernement.

4

1. Ceux qui sont favorables *(tenants)*
2. être soumis… *(pris entre deux feux)* – bien connaître *[en connaître un rayon (fam.)]*
3. terme politique… *(principe de subsidiarité)*
6. être fortement soutenu… *(avoir le vent en poupe)*
7. conserver ses racines *(s'enraciner)*
9. mot vulgaire ou tabou *(un gros mot)*
11. donner à un adolescent des droits… *(émanciper)* – être la cible de *(être dans le collimateur)*
12. mettre au point *(roder)*.

5

1. **Article** extrait d'un quotidien régional : *Midi-Libre* (Sud de la France).
Le but de l'auteur est de montrer que chaque pays d'Europe aborde la construction de l'Europe avec une conception de l'État et des régions spécifique. Chaque pays se positionne par rapport à deux options, l'une centralisatrice représentée par la France, l'autre régionaliste dont l'exemple est l'Allemagne.
L'article passe en revue les conceptions des différents pays d'Europe.

2. **Le France et l'Allemagne**
La France reste un pays centralisé. La régionalisation n'a pas donné aux régions des compétences législatives et de véritables ressources financières. *Exemple* : Budget de la Bavière : 350 milliards de francs – Budget du Languedoc : 3 milliards. En France, les lois (comme celle de la réduction du travail à 35 heures) doivent être appliquées partout sans tenir compte des spécificités régionales.

Raisons des préférences allemandes : le fédéralisme est plus créatif, une région autonome est plus dynamique.

3. **Opinion des Européens**
77 % des Européens pensent que les régions doivent jouer un rôle important en Europe. Les pays les plus centralisés (Grèce, France, etc.) sont les plus favorables à un accroissement du pouvoir des régions.
Explications : le régionalisme est un remède aux défauts engendrés par la mondialisation. Angoisse des Européens → désir de préserver son identité, besoin d'enracinement. La région est perçue comme le moyen à partir duquel on se lance dans l'entreprise commune européenne.

4. **Grande-Bretagne** : méfiance à l'égard du fédéralisme qui évoque la guerre de sécession aux États-Unis. Mais constat d'échec du centralisme en Écosse et en Ulster. Ébauche d'un processus de régionalisation (« dévolution ») limitée.
Espagne : la régionalisation a un contenu politique progressiste (réaction contre le centralisme de l'époque franquiste).
Italie : réalité de l'opposition Nord-Sud qu'il faut concrétiser légalement.
Suède : existence de collectivités locales puissantes mais pas assez pour dialoguer avec Bruxelles. Projet de création de six régions pour des raisons économiques et pour pouvoir dialoguer avec Bruxelles.
Irlande : très centralisée, mais projet de régionalisation pour les mêmes raisons qu'en Suède.

5. Les régions sont les pôles à partir desquels se construira l'Europe des identités et des cultures.
Pour cette raison et pour faire face à la mondialisation, la régionalisation et la fédéralisation sont des passages obligés pour la construction de l'Europe.

6. • **Organisation du territoire**
La plus petite subdivision est *la commune*… à sa tête *un maire* élu.
À l'échelon supérieur il y a *le canton* qui est représenté par *un conseiller général*…
Ensuite, il y a *le département*… Ils sont administrés par *un préfet*… ils ont été regroupés en *21 régions* qu'il ne faut pas confondre avec *les provinces* d'avant 1789.
La division qu'un Français se représente le mieux est *le département*… qu'on retrouve sur *les plaques des voitures, le numéro d'identification de Sécurité sociale, l'adresse postale*.

• **Pouvoirs, État et régions**
Jusqu'à une époque récente, les pouvoirs étaient très *centralisés*… l'origine de cette conception remonte à *la monarchie (l'Ancien Régime)*… grâce à la volonté des *rois* qui *ont annexé* des territoires. Les régimes successifs l'ont justifiée par la nécessité de réaliser *l'unité territoriale, politique et culturelle de la France*.
Il a fallu attendre 1982 et les lois de *régionalisation*…
Le poids de l'État se manifeste par le nombre important de *fonctionnaires*… Ceux-ci représentent environ *25 %* des personnes qui travaillent… Les grands secteurs d'activités gérés directement par l'État sont *la défense, la police, la justice, l'éducation, la production énergétique, les infrastructures routières, les transports ferroviaires. De grands secteurs d'activités comme la poste, les télécommunications sont en voie de dénationalisation partielle*.

1

• ... Quelques extrémistes adoptent une attitude brutale. *À côté de cela*, la plupart des Français... / *Là où* quelques extrémistes... la plupart des Français...
• Ceux qui sont en situation régulière sont protégés. *Inversement*, les clandestins... / *Si* ceux qui sont en situation régulière sont protégés, les clandestins, *en revanche*...
• Il ne faudrait pas se polariser sur les clandestins. *En revanche*, il vaudrait mieux... / *Au lieu de* se polariser sur les clandestins, il vaudrait mieux...
• Ceux qui peuvent justifier... régularisés. *Pour ce qui est* des autres, ils doivent être refoulés. / *Tandis que* ceux qui peuvent justifier... régularisés, les autres...

2

• *Bien qu'il* y ait des structures d'accueil, elles restent inefficaces. → Il y a des structures d'accueil qui restent *malgré* tout inefficaces.
• *Bien que* je prenne des cours de français, je ne parle pas parfaitement. → Je prends des cours de français *mais* je ne parle *quand même* pas parfaitement.
• *Quand bien même* je parlerais correctement français, j'aurais un accent. → *Même si* je parlais correctement français, j'aurais un accent.
• L'école est un facteur d'inégalité *quoiqu'*elle ait la volonté d'intégrer. → *En dépit de* sa volonté d'intégrer, l'école reste un facteur d'inégalité.

3

• *Europe des régions*... *Or*, la France... *De plus*, la régionalisation... *En conséquence*, il faut...
• *Il n'y a plus de saisons*... *Certes*, il y a eu un petit coup de froid... *Il n'en reste pas moins* que cela... *J'en conclus que* le climat...
• *Intégration*... Il y a *quand même* des Asiatiques... *Certes*, ils ne connaissent pas... *Il n'empêche que* c'est une communauté... Intégration et emploi sont *donc* liés.

4

Quoi qu'il en soit, c'est lui que Durrieu a choisi...
De toutes façons, tu n'avais aucune chance...
*Il n'empêche qu'*il m'avait plusieurs fois félicité...
En tout cas, il ne manque pas d'humour.
Il a beau avoir de l'humour, ...
Toujours est-il que c'est lui qui te commandera...

5

a. • Sens donné par l'auteur aux mots :
– *culture* : il s'agit pour lui des œuvres de l'esprit et des productions artistiques et littéraires ;
– *exception culturelle* : selon cette théorie, *un bien culturel* (une œuvre artistique, philosophique, cinématographique, etc.) ne peut pas être considérée au même titre que *les biens matériels* (produits de la terre, de l'industrie). Sa valeur réelle ne correspond pas à sa valeur marchande. Le système du libre-échange ne peut pas s'appliquer aux biens culturels. Les Français doivent pouvoir refuser l'importation de films américains moins chers et plus rentables que les films français car la survivance du marché français est indispensable au pays.
• L'objectif annoncé mais pas forcément atteint de la politique des quotas est de protéger le cinéma européen. Le cinéma n'est pas le seul produit culturel.

b. • *Une personnalité culturelle* : le rayonnement, la force, l'originalité d'une culture.
Les bases matérielles de la culture : le financement de productions culturelles et leur commercialisation.
Les fonctionnaires de la culture / les industriels de la culture. Les artistes et les créateurs qui sont trop subventionnés, voire rémunérés par l'État, risquent de devenir des fonctionnaires au sens péjoratif du terme (qui ne prend pas d'initiative et se contente d'appliquer les directives). C'est quelquefois le cas en France où des sculpteurs ne vivent que des commandes de l'État et où des subventions sont distribuées à des créateurs sans discernement et sans exigence de qualité.
Inversement les artistes et les créateurs peuvent faire partie de grands groupes industriels. C'est le cas pour le cinéma américain. Ils y perdent aussi leur liberté.
• L'État doit prendre des mesures et faire voter des lois.
Il faut défendre un prix minimal des livres qu'on n'a pas le droit de baisser.
La question est de savoir si la production culturelle française sera assez originale, propre à intéresser le monde entier.
Les événements, les mythes, les témoins du passé, les habitudes, les traditions qui constituent l'Histoire de la France ne nourrissent plus la modernité.
Les romanciers d'avant-garde semblent participer à une compétition dont le vainqueur serait celui qui produira le roman le plus triste, le plus insignifiant, le plus démoralisant.

6

Résumé des idées de J.-M. Domenach.
• Au nom de l'exception culturelle, la France refuse de soumettre les biens culturels aux lois du libre-échange et impose des quotas. Or, toute mesure de protection a tendance à limiter le dynamisme créatif, ce qui est d'autant plus grave que la France depuis quelques décennies ne fait pas preuve d'une grande énergie créative propre à susciter des œuvres originales. Certes, l'argument de l'exception culturelle est valable dans la mesure où la production cinématographique européenne aurait disparu si elle n'avait pas été aidée. Toutefois, il semble bien qu'aujourd'hui ce ne sont pas les moyens qui manquent mais l'inspiration.
• Bien que ce ne soit pas les lois qui déterminent les productions culturelles, l'État a néanmoins un rôle à jouer pour tout ce qui concerne l'aspect matériel et commercial de la culture ainsi que pour la défense du patrimoine. Il n'en reste pas moins que la force et le rayonnement d'une culture sont avant tout le fruit du désir et du courage. Certes, la culture a toujours été en France une affaire d'État comme aux États-Unis elle est affaire d'industrie. Pourtant, la solution pour un dynamisme culturel revivifié est ailleurs : dans la réconciliation des créateurs et de leur public et dans un accord retrouvé avec les mythes, les paysages, la langue qui

constituent l'âme d'un peuple. Sans cela l'invasion culturelle américaine se poursuivra.

7

a. Jean-Marie Domenach porte un jugement négatif sur la production culturelle française incapable selon lui d'arrêter l'invasion des productions américaines. Il critique le manque d'énergie des créateurs français devenus, grâce à de nombreuses aides de l'État, des sortes de fonctionnaires de la culture. Cette argumentation appelle quelques remarques.

1. Si les productions américaines (essentiellement cinématographiques et télévisuelles) plaisent et même fascinent (y compris dans les séries qualifiées de débiles), c'est qu'elles portent un message de modernité et d'universalité. C'est également parce qu'elles comblent un manque. L'issue n'est donc pas dans le rejet mais dans l'assimilation, de la même manière que Molière avait assimilé la commedia dell' arte italienne.

2. La création doit être en phase avec son époque et n'échappera pas aux technologies qui permettent de créer du spectaculaire. Johnny Halliday remplit toujours les salles mais avec des spectacles somptueux qui n'ont rien à voir avec ceux qu'il donnait à ses débuts. Contrairement à ce que dit J.-M. Domenach, ce sont les moyens qui manquent ou plutôt la volonté de concentrer les moyens sur des créateurs compétents.

3. La France ne manque pas de créateurs mais le cinéaste Luc Besson doit trouver aux États-Unis le financement de ses films, la danseuse Sylvie Guilhem a retrouvé la possibilité de s'exprimer en s'exilant à Londres. A-t-on donné à Yasmina Reza, à Jean-Claude Brisville l'occasion de produire une grande pièce de théâtre ?

b. André Malraux (ministre de De Gaulle) : création des maisons des jeunes et de la culture, protection du patrimoine, rénovation des musées de France, soutien du mouvement pour le théâtre populaire.

Jack Lang (ministre de François Mitterrand). Réhabilitation des arts mineurs. Lancement de manifestations populaires (fête de la musique, Fureur de lire, etc.). Augmentation importante des aides de l'État accordées aux créateurs. Sauvetage du cinéma français.

c. *Bibliothèques* : Bibliothèque de France (nouvelle bibliothèque nationale).

Musées : rénovation et extension du Louvre.

Théâtre : construction de l'opéra Bastille.

Sculpture : œuvres d'artistes contemporains placées dans différents lieux de Paris (et des grandes villes de province). Exemple : les célèbres colonnes de Buren.

Chanson : le festival des Francofolies de La Rochelle.

LEÇON 11

1

1. Une vive altercation a eu lieu entre deux automobilistes à propos d'une place de parking. L'un des deux conducteurs a été physiquement agressé avant l'intervention d'un fonctionnaire de police.

2. La subvention demandée par le président de l'association « Musique en ville » a été reportée à l'année prochaine. Visiblement, les pouvoirs publics ont d'autres priorités et l'association devra patienter.

3. Accusé d'être un agent de renseignement, Louis Dupin a été congédié par son entreprise… Il a été mis en examen.

4. Un homme sans ressources s'était brusquement enrichi en l'espace de six mois. Il vendait à prix d'or à des personnes souffrant de leur embonpoint des produits miracles pour perdre du poids. Il vient d'être incarcéré.

2

• **Jugements sur un film**

Ce film n'est pas génial. D'abord, il y a quelques longueurs. Ensuite, ce que disent les acteurs n'est pas très compréhensible. Dans ce film Michel Blanc manque un peu de présence.

• **Jugements sur une personne**

Florence n'est pas la femme qu'il faut pour François. Il n'est pas très fidèle. C'est un esprit simple. Il est plutôt maladroit en société.

• **Jugements sur un lieu**

L'appartement que j'ai visité n'est pas très propre. Il est mal éclairé. Il est situé dans un quartier défavorisé. L'état du plafond laisse à désirer.

3

a. 1. Dans notre ville, le tri des ordures ne s'effectue pas régulièrement.

2. Il est possible que les habitants ne voient pas clairement l'intérêt des mesures…

3. Serait-il difficile de prendre de nouvelles habitudes ?

4. Mais les lois de protection de l'environnement devraient être observées…

5. Les instructions devraient donc être suivies…

b. 1. Le chantier… ne s'est pas déroulé dans de bonnes conditions.

2. Un logement vétuste nous avait été attribué. Le ménage n'était pas fait. La nourriture nous était servie en quantité insuffisante.

3. Le travail prévu n'a pas été fait de manière sérieuse.

4. Est-ce à cause d'un recrutement trop hâtif ?

5. L'année prochaine, la sélection devrait être faite par le directeur du chantier.

4

(Titre et sous-titre) – irriter *(agacer)* – n'est pas encore battu *(ne désarme pas)* – se faire prier *(se faire tirer l'oreille)* – amateur… *(vélomaniaque)*.

1. voie… *(piste cyclable)* – vérité… *(dogme sacro-saint)* – ensemble de lois… *(code de la route)*

2. changement d'opinion *(un revirement)* – être pleinement favorable *(plébisciter)*

3. accroissement… *(montée en puissance)*

4. attitude… *(attentisme)*

5. détruire… *(saboter)* – dresser un procès-verbal *(verbaliser)*

6. séparation… *(un clivage)*

5

a. Le langage oral de Laurent Lopez, naturel ici puisqu'il s'agit d'une interview, ne conviendrait pas à une note à caractère administratif.

Par ailleurs, Laurent Lopez dénonce trop brutalement l'attentisme des pouvoirs publics, le désintéressement de la police, l'opposition du lobby automobile, etc. Enfin, il emploie des expressions destinées à attirer l'attention des lecteurs et à frapper leur imagination : expressions imagées (les couloirs de la mort – le dogme sacro-saint du tout automobile), exagérations (la perte d'autorité des policiers…).

b. et c.
• **La situation antérieure.** Les premières pistes cyclables qui ont été tracées en 1980 ne permettaient pas d'assurer la sécurité des cyclistes.
• **Progrès réalisés.** Il est clair que depuis, certains progrès ont été réalisés. De nouvelles pistes ont été créées correspondant aux grands axes de la capitale et sur les voies qui longent ces pistes la vitesse automobile a été limitée à 50 km/h. Cette évolution a correspondu à une prise de conscience générale de l'utilité du vélo notamment lors des grandes grèves de 1995 ou lorsque le taux de pollution imposait une réduction de la circulation automobile.
• **État actuel.** La situation actuelle reste néanmoins préoccupante. D'un côté, de plus en plus de Parisiens utilisent ou souhaiteraient utiliser leur vélo et cette tendance concerne toutes les couches de la population. D'un autre côté, les cyclistes se sentent insuffisamment reconnus par ceux qui sont chargés de faire respecter la loi et qui devraient modérer le comportement agressif de certains automobilistes.
• **Perspectives et demandes.** Il serait donc souhaitable que le vélo obtienne le statut de moyen de transport à part entière et que le Code de la route soit aménagé dans ce sens. Par ailleurs, il conviendrait d'entreprendre l'extension du réseau cyclable dans chaque quartier de Paris et sur le circuit de la petite couronne.

6
• **Déplacements dans Paris.** Moyen le plus rapide : le métro. Achat des tickets par carnets de 10 (revient à 5,20 F le ticket). Possibilité d'obtention de cartes de réduction (week-end, semaine) pour les touristes. Un seul ticket pour n'importe quelle destination. Autre moyen : le bus. Assez rapide en dehors des heures de pointe. Ticket de métro utilisé pour le bus. Deux tickets sont nécessaires pour un long trajet.
• **Voyage à Marseille.** Moyen le plus rapide en dehors de l'avion : le train appelé TGV. Durée du trajet : environ 4 h 30. Réservation obligatoire mais qui peut se faire quelques minutes avant le départ.
• **La Côte d'Azur.** La bicyclette n'est interdite que sur les autoroutes et les routes à 4 voies. Mais sur les routes où la circulation est intense on ne trouvera aucune piste cyclable. La Côte d'Azur est une région montagneuse et le cyclisme y est dangereux. En revanche on trouvera dans l'arrière-pays des chemins où l'on peut rouler à VTT.
• **Liaisons aériennes intérieures.** Elles sont de plus en plus développées et financièrement abordables entre les capitales régionales. Nice-Bordeaux et Bordeaux-Rennes environ 700 F en aller simple en 1999.
• **Réseau autoroutier.** La France se traverse facilement sauf en zone de montagne. Les autoroutes sont payantes (environ 20 F pour 100 km).

1
a. 1. Une usine Toyota *a été implantée* en France.
2. La marque… Orangina *a été rachetée* par Coca-Cola.
3. Les téléphones mobiles *sont de plus en plus appréciés* par les Français (des Français).
4. L'usine de Vilvorde *sera fermée* par Renault en 1998.
5. Les nouvelles voitures *seront équipées* d'appareils de sécurité.
6. Cent têtes de bétail… *ont été abattues* par les services vétérinaires.

b. *Il a été choisi. J'ai été contacté. Il est en train d'être réalisé (Il est en cours de réalisation). Vous serez contacté.*

2
a. 2. Les livres de témoignage *sont beaucoup lus.*
3. Les huîtres et le foie gras *se consomment* surtout à l'époque de Noël.
4. Les vêtements amples… *se sont beaucoup moins portés.*
5. Le prix des voitures *se discute.*

b. 2. *Il s'est publié* 20 000 nouveaux titres…
3. *Il s'est consommé* 600 000 tonnes de fromage.
4. *Il s'est bu* plus de six millions de litres d'eau minérale.

c. 2. Des vendeurs de chaussettes… *se sont fait dévaliser* par des cadres supérieurs…
3. Des boulangers *se sont vu demander* des Carambar par des secrétaires.
4. Des parents… *se sont laissé conduire* par leurs enfants au parc Disneyland.
5. Ils *se sont vu interdire* trop tôt les plaisirs de l'enfance.
6. Ils veulent *se faire remarquer.*

3
• Lors de notre dernière réunion *il avait été suggéré de* lancer…
• *Il avait été dit que* nous y réfléchirions…
• *Il est probable que* les parents seront réticents…
• *Il n'est pas sûr que* les jeunes enfants soient intéressés…
• *Il est possible que* les tanks… ne soient pas adaptés à cette tranche d'âge.
• *Il a été prouvé que* les jeunes enfants réagissaient très bien…
• *Il est clair que* la violence et les affrontements sont partout…
• *Il est utile* pour eux de revivre ces affrontements…
• *Il est tout de même inquiétant de* voir des enfants…
• *Il serait regrettable de* risquer des critiques…
• *Il serait néanmoins souhaitable de* faire une enquête…

4
a. Relevé des métaphores
• *Zoologie et biologie :* L'homme papillon, c'est l'homme nouveau, produit d'une transformation *(la mue)* comme celle de la chenille en papillon. – *L'épine dorsale* (le nouveau système de valeurs) *s'ossaturera* (s'organisera) autour de nouvelles valeurs.
• *Cinéma et spectacles :* On change de film (la réalité a changé). – Le nouveau *casting* (les nouveaux hommes

113

qui feront évoluer la société). – *Redistribuer les rôles* (trouver des hommes différents pour les postes importants). – *On fait son numéro* (ceux qui nous dirigent ont une action purement médiatique). – *Rideau* (point final. On doit passer à autre chose). – Les nouveaux chefs proposeront des *scénarios* crédibles (des perspectives concrètes et raisonnables).

• *Navigation* : le *bateau* France est *ivre* (le pays n'a pas de desseins précis) – Il faut *redresser la barre* (se fixer des objectifs et les réaliser) et *changer d'équipage* (changer les dirigeants).

• *Autres thèmes* : les nouveaux *moteurs* (mécanique → les nouveaux dirigeants) – *les allées* du pouvoir (espace → les parcours professionnels qui mènent au pouvoir) – *le catalyseur* (chimie → celui qui donne l'impulsion) – *le moule* (artisanat, sculpture → le modèle sur lequel sont formés les dirigeants) – *un prétendant au trône* (Histoire → un homme politique qui convoite un poste de ministre ou de président) – *la cerise sur le gâteau* (pâtisserie → l'élément décoratif qui suscitera l'admiration).

b. Vocabulaire
1. et 2. transformation *(la mue)* – cadres… *(l'énarchie polytechnicienne)* – facteur de changement *(un catalyseur)* – ne pas se manifester *(s'abstenir)* – objet… *(un moule)* – ceux qui agissent *(opérateurs)*.
3. gloire dérisoire *(gloriole)* – se moquer *(persifler)*.
4. qui a été reçu par héritage *(patrimonial)* – qui a perdu… *(ivre)*.
5. qui peut remplacer… *(alternatif)* – comportement *(les simagrées)* – donner à boire, imposer *(abreuver)* – se structurer *(s'ossaturer)* – diviser… *(segmenter)*.

5

Décideurs du passé	Décideurs de l'avenir
…	…
Les dirigeants sont formés sur le même moule. Ils pensent par idées reçues.	→ Les nouveaux dirigeants seront issus d'horizons variés.
Ils font partie d'une classe fermée, superficielle et dont les préoccupations sont avant tout médiatiques.	→ Ils sauront refaire le monde, débattre, combattre.
Le pouvoir ne s'appuie pas sur la puissance rationnelle.	→ Ils s'appuieront sur une idéologie et sauront faire rêver.
Ils veulent faire évoluer le monde.	→ Ils voudront changer la vie et concevront une autre civilisation.
Ils pensent à court terme.	→ Ils auront une vision du monde à long terme.
Primauté des valeurs masculines.	→ Primauté des valeurs féminines (équilibre, qualité, intégration, émotion, proximité).
Sens de l'autorité.	→ Sens de l'interactivité.

6

a • **Le sexe** : À travail égal le salaire des femmes est souvent inférieur à celui des hommes. Il est plus difficile à une femme d'occuper un poste de direction élevé ou de faire une carrière politique.
• *L'origine géographique* : ceux qui vivent à Paris sont mieux informés. Avoir un accent régional peut constituer un handicap.
• *La famille* : celui qui est né dans une famille socio-culturellement défavorisée part avec un handicap.
• *La scolarité* : il existe des écoles où les élèves sont répartis dans les classes en fonction de leur niveau. L'enseignement donné dans les classes à faible niveau est

souvent inadapté. Dans la plupart des écoles, les élèves sont mélangés. Les enseignants ont tendance à concevoir leur enseignement en fonction des meilleurs.

b. Facteurs de valorisation et de distinction
Avoir suivi des études dans une grande école (ENA, Polytechnique, Centrale, etc.).
Avoir obtenu une décoration (légion d'honneur).
Être vu à la télévision.

LEÇON 13

1

1. principe, fondement
2. motivations, raisons
3. mobile
4. un prétexte, une raison
5. son origine, sa source
6. un ferment, un germe, une cause, un facteur, un moteur
7. le moteur, à l'origine, la cause ; le pourquoi.

1. il n'en *résulte* aucune impression… l'état de fatigue… *provient (résulte)* de sa maladie…
2. Cette croyance *découle (provient, procède)* de la tradition… son agressivité n'est pas *due* à la couleur. Elle est *causée (provoquée)* par le mouvement…
3. La faiblesse supposée de l'odorat humain *s'explique* surtout par le fait… Elle *tient (est due)* au fait que le langage…
4. Le gaz carbonique rejeté par la plante est *déterminé* par son poids… Les maux de tête ne peuvent donc pas être *attribués (imputés)* à la présence de la plante.

3

• *Puisque* vous soignez par l'homéopathie comment justifiez-vous…
• *Comme* les médicaments traditionnels ont des effets secondaires nocifs *et que* ce n'est pas le cas des médicaments homéopathiques, j'ai choisi l'homéopathie.
• On ne peut pas le détecter *car* le produit est très dilué.
• *Étant donné qu'*il est indétectable comment peut-on affirmer…
• *Comme* le médicament guérit la maladie, on en conclut que…

4

• … je n'abandonne pas Paris *pour autant*. Et *autant* j'aime Paris pour les spectacles et les sorties *autant* je ne supporte plus ses nuisances. Et j'ai *d'autant plus* envie d'y habiter *que*… Mais c'est assez rapide. *D'autant que* j'ai l'autoroute à 5 km de chez moi.

• Et les trajets sont *d'autant plus* rapides *que* l'autoroute…

• … crois-moi, on travaille *d'autant mieux qu'*on est au calme.

5

a. 1. se compléter… *(s'épauler)*

3. une base *(un socle)*

4. réaliste *(viable)* – allier *(conjuguer)* – tonalité… *(registre)*

5. amusant *(marrant)*

6. changeant… *(transitoire)*

7. mélange *(brassage)* – vérifier ses compétences *(se mesurer)*

8. tourmenter… *(tenailler)* – amateurs… *(adeptes)*

b. Reformulation paragraphe par paragraphe

[A = auteurs – C = citations des personnes interrogées]

2. A → Le bricolage est considéré comme un facteur d'autonomie et d'identification.

C → Il s'explique par le désir de créer et de se valoriser.

3. C → Il n'y a aucune raison pour que certaines tâches pratiques soient réservées aux hommes (électricité) ou aux femmes (repassage).

4. A → Pour les femmes, le fait de bricoler fait partie d'une revendication féministe (pouvoir faire ce que font les hommes).

Pour d'autres le bricolage correspond à un besoin de se singulariser.

5. C → Le bricolage s'inscrit dans un besoin de créer.

6. A → Le bricolage correspond à un désir de liberté.

7. A → Le bricolage permet une relation privilégiée avec les autres notamment par l'échange de compétences.

Le bricolage est un moyen d'auto-évaluation et de valorisation de soi.

C → Idée que les domaines spécialisés ne sont pas interdits au profane.

8. A → Le bricolage s'explique par un besoin de défier la complexité des objets et par un désir de refaire le monde.

C → Plaisir d'affronter la complexité des objets.

6

a. 1. F – 2. F – 3. V – 4. V – 5. V – 6. F – 7. V – 8. F – 9. V – 10. F (65 %).

b.

1. *Je me suis bien amusé* (On insiste davantage sur le désir de sortir du quotidien, de faire éclater les cadres conventionnels que sur le plaisir).

2. *Je suis en pleine forme* (L'expression souligne l'importance de la forme physique et intellectuelle dans la société actuelle).

3. *J'avais besoin d'oublier tous mes soucis* (Le monde est de plus en plus contraignant y compris dans le domaine des loisirs. On aspire à des moments d'oubli).

4. *Je suis heureux* (Idée que le bonheur est le résultat d'une harmonie entre le corps et l'esprit).

5. *Je suis en bonne santé* (On assimile la bonne santé à la capacité d'accomplir des performances).

6. *C'est amusant, divertissant* (Goût des mots anglais, signes de modernité).

7. *J'ai fait tout ce que je pouvais faire* (Face au laxisme, valorisation de la performance, idée d'un potentiel d'énergie qu'on peut mobiliser).

LEÇON 14

1

a. Il n'est pas impossible (3)
Il est possible (10)
Il n'est pas exclu (5)
Il se peut (7)
} qu'il ait été empoisonné

b. Certains témoignages laissent penser (1)
Il y a de fortes chances pour que ce soit (8)
Tout porte à croire que c'est (9)
On est en droit d'être sceptique (4)
} le contraire

c. On a pu constater (16)
On a pu se rendre compte qu'il y avait (14)
} des symptômes d'empoisonnement
Certains signes donnent l'impression qu'il s'agit d'un empoisonnement (13)
Il y a tout de même des indices troublants (12)

d. Nous sommes certains (2)
On a pu prouver… (6)
Il a été démontré… (15)
} qu'il ne s'agit pas d'un empoisonnement
On dispose d'une preuve irréfutable (11)

2

• En revanche, les mauvais résultats… ne laissent pas *augurer (présager)*…

• … Je me demande comment il a pu *deviner (se douter)* que Delta serait rachetée…

• Je *suppose (j'imagine)* qu'il a dû avoir des informations.

• Je le *soupçonne (suspecte)* de les avoir directement obtenues…

• je *pressens (flaire)* une catastrophe…

3

2. • Il *s'agira* tout simplement d'une légende.

– *Si c'était* une simple légende, *il n'existerait pas* de nombreux témoignages.

3. • *Et s'il y avait eu* plusieurs animaux ?

– *À supposer qu'il y en ait eu* plusieurs, les blessures des victimes *n'auraient pas été* identiques.

4. • *Il se pourrait que* ce soit des hommes déguisés en animaux. *Soit qu'il s'agisse de* voleurs *soit que* des personnes *aient voulu* se venger.

– *Admettons que ce soit* des hommes, *ils ne se seraient pas* déplacés avec la rapidité d'un animal.

5. • Alors *disons que c'était* un tigre ou un lion.

– *Dans l'hypothèse où* la bête mystérieuse *aurait été* un tigre ou un lion les cirques *auraient signalé* sa disparition.

4

• **Le titre**

Il annonce une explication historique : l'esposé des raisons pour lesquelles l'argent est devenu tabou en France (réticence des Français à révéler ce qu'ils gagnent, combien ils ont payé leur maison, etc.).

• **Premier paragraphe**

a. Pudeur… *(la pudibonderie)* – intérêt… *(usure)* – contraire à la religion *(impie)* – qui commet des péchés *(pécheur, pécheresse)* – don de Dieu *(grâce)* – le fait d'être élu *(élection)* – comportement immoral *(débauche)* – développement *(essor)*.

b. Le catholicisme (fin de l'Antiquité – 75 % des Français) – le protestantisme (XVIᵉ siècle – 2 %) – l'islam (milieu du XXᵉ siècle – 1 %) – judaïsme (Antiquité – 0,6 %) – bouddhisme (époque récente – 0,5 %) – NB : ces chiffres ne prennent en compte que les Français qui déclarent avoir une religion.

c. Pour les protestants, la réussite financière peut être un signe d'élection (grâce de Dieu). Le protestant cultive l'austérité. Les deux caractéristiques du capitalisme (recherche du profit et épargne) sont donc réunies.

d. Le tabou qui pèse sur l'argent s'explique par le fait que l'essor du capitalisme serait lié à celui du protestantisme, aux XVIᵉ et XVIIᵉ siècles.

• **Deuxième paragraphe**

a. Être une preuve *(probant)* – attirer, conduire *(drainer)* – prendre la place de *(supplanter)* – facteur de développement *(un tremplin pour leurs affaires)* – former *(façonner)* – réticence… *(frilosité)*.

b. Voir note 2 après le texte. La Révocation est suivie d'une persécution des protestants. Ceux-ci émigrent. Constitution d'une diaspora propice à la création de réseaux internationaux financiers.

Par ailleurs, les politiques dépensières des rois de France (guerres, vie de Cour, etc.) les conduisent à faire des emprunts à l'étranger.

c. C'est parce que les protestants se sont exilés ou ont entretenu des réseaux internationaux qu'ils ont été introduits dans le monde de la finance.

d. Au XVIIIᵉ siècle, le budget de l'État est largement financé par des capitaux étrangers. Par ailleurs, il est du domaine du secret. D'où suspicion à l'égard de l'argent.

• **Troisième et quatrième paragraphes**

a. Personne qui s'occupe… *(homme de paille)* – spéculateur *(agioteur)* – se battre *(ferrailler)*

s'opposer *(faire pièce à…)* – se fabriquer *(se forger)* – se consacrer à *(se vouer à)*.

b. La monarchie absolue s'est construite en écartant du pouvoir les grands seigneurs. Ces derniers se révoltèrent à plusieurs reprises. Le roi, qui trouve des appuis et des compétences parmi les bourgeois, anoblit certains d'entre eux. D'où la constitution d'une nouvelle noblesse dont les valeurs sont intellectuelles et professionnelles et qui n'est pas reconnue par l'aristocratie traditionnelle.

c. « L'honnête homme » s'oppose au chevalier guerrier. Il est curieux de tout et ne méprise aucun domaine de la connaissance. Il est à l'aise en société (il possède l'art de la conversation). Il est mesuré et équilibré dans ses choix, ses relations, ses idées, son comportement.

d. Pour assujettir la grande aristocratie toujours prête à se révolter, le roi en fait sa créancière. La grande aristocratie est donc identifiée à la puissance financière. L'idéal de l'honnête homme (idéologie dominante aux XVIIᵉ et XVIIIᵉ siècles), qui s'oppose à l'idéal guerrier de l'aristocratie, va donc tout naturellement impliquer le mépris de l'argent.

• **Dernier paragraphe**

a. Considérer… *(couvrir d'infamie)* – en cachette *(en catimini)* – critique *(réprobation)*.

b. Le modèle culturel de l'honnête homme qui valorise les compétences intellectuelles et méprise l'argent s'est perpétué jusqu'à nos jours. C'est une composante de l'idéologie transmise par l'école républicaine à partir de la fin du XIXᵉ siècle.

LEÇON 15

1

1. D'une part, le développement des industries chimiques *s'accompagne* de rejets de produits toxiques. D'autre part, l'utilisation de produits toxiques par une agriculture intensive *entraîne* une infiltration de ces produits dans les nappes souterraines. Par ailleurs, certaines municipalités font preuve d'inconséquence *de sorte que* les stations d'épuration sont inefficaces.

Il en résulte un niveau de pollution inégalé dans les cours d'eau et les nappes souterraines.

Du coup le traitement des eaux sera nécessaire non seulement pour la consommation alimentaire mais aussi pour la consommation générale. Cet impératif *impliquera* des stations d'épuration de plus en plus nombreuses et sophistiquées et *provoquera* une augmentation du prix de l'eau. Le coût plus élevé de l'irrigation *aura pour conséquence* une augmentation du prix des produits agricoles.

2. Les cours d'eau sont pollués *à tel point que* des espèces animales et végétales disparaissent et que les baignades présentent des risques pour la santé.

Le pompage intensif des nappes souterraines *aboutit* au tarissement des sources et *cause* dans les zones côtières une remontée de l'eau de mer qui occupe ces nappes.

3. L'accroissement de la population du monde *créera* une augmentation des besoins alimentaires. *D'où* un développement de l'agriculture. L'irrigation intensive épuisera *alors* les ressources en eau de certains pays, ce qui *conduira* à des conflits entre pays pour la propriété des fleuves frontaliers… L'eau deviendra *par conséquent* un enjeu de guerres.

2

a. … le développement de l'informatique et de l'automatisation *implique*… Cela *sous-entend* la suppression d'emplois non qualifiés… Les nouveaux modes de gestion des entreprises *supposent* des dégraissages massifs. *Compte tenu de* cette évolution…

b. La société surmontera cette situation *à condition qu' (si tant est qu', pourvu qu')* elle sache se remettre en question. Elle évoluera à nouveau vers le plein emploi *pour peu qu' (à condition qu', pourvu qu')* elle réduise la durée du travail. De nouveaux emplois seront créés *dans la mesure où (du moment qu')* on saura dégager…

c. Le projet de réduction de la durée du travail aboutira sous réserve qu'il n'y ait pas de diminution des revenus des travailleurs. Son succès dépend aussi de la bonne volonté des entreprises.
Le projet réussira pour autant que le temps libéré soit investi dans les loisirs et non dans le travail au noir.
Sa réussite est par ailleurs tributaire d'une répartition égale de la réduction du temps de travail entre les hommes et les femmes.
Elle passe enfin par un temps libéré qui n'implique pas un retour à une répartition…

3

1. secteur économique… *(le tertiaire)* – emplois d'aides aux familles *(les services aux particuliers)* – développement *(essor)* – se développer sur le modèle de… *(se calquer)* – obliger *(assigner)*
2. être soumis à… *(être assujetti)* – ensemble de lois… *(statut)* – promotion… *(ascension)*
3. être maintenu… *(être cantonné)* – emploi de rang inférieur *(subalterne)*
4. qui vont ensemble… *(se conjuguer)*

4

Compte rendu critique
(Selon que l'on adhère ou non à la thèse d'Anne-Marie Grozelier, on développera plus ou moins la partie critique.)
• *(Causes du développement du temps partiel, présentées par des relations de conséquences).* Les nouveaux modes de gestion des entreprises qui privilégient aujourd'hui l'ajustement des rythmes de production à la demande ont conduit à une conception flexible du travail. Parallèlement, les dirigeants politiques ont découvert dans la réduction de la durée du travail une solution possible au problème du chômage. Il en a résulté une politique d'encouragement au travail à temps partiel.
• *(Partie critique).* Le travail à temps partiel a certes des effets positifs. Il permet de concilier vie professionnelle et vie familiale. Quand les membres d'un ménage ont des revenus suffisants, il dégage, pour l'un des conjoints, des espaces de liberté qui peuvent être consacrés aux loisirs, à des projets personnels ou à une reconversion professionnelle. Il supprime les aspects aliénants du travail à plein temps.
• *(Thèse d'A.-M. Grozelier).* Anne-Marie Grozelier fait toutefois remarquer que les conséquences négatives de cette forme d'emploi sont loin d'être négligeables. Son développement s'est en effet accompagné d'une augmentation des emplois précaires. Beaucoup de demandeurs d'emplois sont par exemple contraints d'accepter des emplois familiaux de quelques heures par semaine. Par ailleurs, le travail à temps partiel aboutit à une dévaluation de la position sociale de celui ou de celle qui l'exerce. À fonction égale, à niveau de formation égal, on n'est pas considéré de la même manière dans l'entreprise selon qu'on travaille à plein temps ou à temps partiel. La politique du travail à temps partiel a d'autre part provoqué une régression de la condition féminine. Alors que les femmes étaient en train, dans les années 60 et 70, de conquérir un statut professionnel

égal à celui des hommes, elles constituent aujourd'hui 92 % des employés à temps partiel. Celles-ci ne peuvent plus guère aspirer à la stabilité de l'emploi et toute perspective de carrière et de promotion professionnelle leur est interdite. La politique du temps partiel conduit donc à un renforcement du partage archaïque des tâches entre les hommes et les femmes : aux hommes les emplois de cadres (difficilement compatibles avec des horaires réduits), aux femmes les postes subalternes.

5

1. Contrat à durée indéterminée (CDI) : embauche définitive. – Contrat à durée déterminée (CDD) : embauche pour 3 mois, 6 mois, un an.
2. De 39 heures en 1997, elle doit être réduite à 35 heures en 3 ans.
3. 60 ans sauf pour certains métiers difficiles (police, armée, conducteur de camion ou de train, etc.) : 55 ans.
4. Du salaire brut sont déduits les prélèvements obligatoires (cotisations pour la retraite et la sécurité sociale, impôt de solidarité). On obtient le salaire net (environ 30 % de moins que le salaire brut).
5. Bien que les lois sur la durée du temps de travail soient valables pour tous, les cadres ne peuvent pas toujours les faire respecter. On exige d'eux davantage de disponibilité. En contrepartie ils peuvent bénéficier de certains avantages et primes.
6. Le fonctionnaire est recruté à vie. Il ne peut être renvoyé (sauf en cas de faute professionnelle très grave). Il bénéficie de meilleures conditions de retraite que les salariés du privé mais à diplôme égal il est souvent moins payé.
7. Congés annuels (5 semaines), congés de maternité, congés de maladie, congés pour la formation.
8. Les médecins, les avocats, les notaires, les pharmaciens, les architectes, les agents d'assurance, etc.
9. Il est en diminution.
10. Le type d'entreprise (un ouvrier de l'industrie pétrolière gagne trois fois plus qu'un ouvrier du textile), le sexe (les femmes sont payées en moyenne 23 % de moins que les hommes), les compétences personnelles (pour les professions libérales), la situation géographique de l'entreprise (on est mieux payé à Paris que dans le Massif Central).

LEÇON 16

1

• En Allemagne… qu'*elle lui* proposait. *Cette dernière (celle-ci)* manifestant… *il lui* a répondu qu'il trouvait la somme… *Celle-ci* a finalement été versée…
• À Tokyo… Il *la lui* a lancée au visage au moment où *celle-ci* sortait de sa banque… il *lui* a arraché *sa* serviette.
• En Espagne… vient d'*en* signer *un. Celui-ci* est valable deux ans… il est renouvelable si les deux conjoints *le* souhaitent.

2

a. *Louis XIV* : le roi, le monarque, le souverain, le roi-soleil.

La Tour Eiffel : le monument, la célèbre construction métallique, l'architecture de fer.
Une maison : la construction, le bâtiment, l'habitation.
Louis Pasteur : le savant, le célèbre biologiste, le père de la vaccination.
L'abbaye du Mont Saint-Michel : le monastère, l'édifice religieux, la forteresse.
Un maçon : l'artisan, l'ouvrier, le professionnel du bâtiment.
Patricia Kaas : la chanteuse, l'artiste, l'ambassadrice de la chanson française.
Les Misérables : le roman, l'œuvre, le livre, le chef-d'œuvre de Victor Hugo.
Un directeur : l'homme, le supérieur hiérarchique, le chef, le patron.
b. • La Maison Carrée est un temple… *Ce monument* fut construit… C'est une belle *construction* ornée… *L'édifice* est bien conservé.
• Nestor Burma est un détective privé. *Le personnage* est atypique… Mais *l'homme* est intelligent… *Le héros de Léo Malet* est un anti-Maigret… C'est *un enquêteur* qui annonce plutôt…

3

… *Celui-ci*, qui travaille dans une entreprise d'informatique de Bordeaux, s'est installé *avec sa femme* dans la banlieue de *la ville* au hameau des Pins, *un ensemble* de belles villas construites dans un parc.
Dorothée ne tarde pas à trouver que l'atmosphère du *lieu* est étouffante. *Ses* habitants, *qui* semblent vivre au-dessus de leurs moyens et *dont* les hommes sont tous des cadres d'entreprise, se réunissent souvent. *La petite communauté* fait penser à une société secrète et il s'*y* passe des événements étranges.
La jeune femme en parle à *son mari* mais *celui-ci* ne *la* croit pas. Finalement, Dorothée découvre que les hommes du hameau sont des malfaiteurs *qui* se sont organisés pour commettre des hold-up dans leurs propres entreprises. *Celui* qui travaille dans l'entreprise visée informe ses amis et ce sont *eux* qui commettent le *méfait*.
Un hold-up a lieu dans l'entreprise de Philippe et *celui-ci* avoue *à sa femme* qu'il *en* a été involontairement *l'informateur*.
La jeune femme avertit la police et *celle-ci* mène une enquête *qui* ne donne rien… Dorothée comprend qui *ils* sont (qui sont *les auteurs de vols*) : les femmes du hameau…

4

Ce jour-là, Léa était rentrée chez elle plus tôt que prévu quand elle aperçut dans son appartement un homme masqué qui prit la fuite en la voyant. Elle eut néanmoins le réflexe de lui arracher son masque et reconnut son mari Luc ! *Une heure plus tard*, elle portait plainte et *le lendemain* Luc fut arrêté. *Le surlendemain*, Luc, interrogé par la police, avoua que sa seule intention était de détruire le téléphone de sa femme. *L'avant-veille*, il s'était installé seul dans un nouvel appartement et Léa n'avait cessé de le harceler au téléphone.
Luc et Léa s'étaient mariés *cinq ans auparavant* mais *au bout de quatre ans*, de fréquentes disputes avaient éclaté entre les jeunes gens. *Un an plus tard*, Luc avait décidé de quitter Léa.
L'affaire, pourtant, allait bien se terminer. *Une quinzaine de jours après l'arrestation de Luc*, Léa retirera sa plainte et *un an plus tard*, le couple réconcilié aura un enfant.

5

• **Présentation du projet « Vulcania »**
→ *Situation.* À Saint-Ours-les-Roches, au pied de la chaîne des volcans d'Auvergne près de Clermont-Ferrand. Dans le parc régional d'Auvergne.
→ *Conception et réalisation.* Initiateur : Valéry Giscard d'Estaing – Concepteur : l'architecte autrichien Hans Hollein – Scénographe : Rainer Verbicht – Paysagiste : Gilles Clément.
→ *Buts du projet.* Parc de loisirs scientifique sur le thème des volcans et des sciences de la terre. Abriterait le centre européen du volcanisme.
→ *Détails du projet.* Reconstitution de la descente dans un volcan.
→ *Public attendu.* Plusieurs dizaines de milliers de visiteurs dès l'an 2000. À terme 500 000 visiteurs par an.
→ *Avantages.* Cadre naturel superbe (vue sur la chaîne des volcans). Positif pour l'économie de la région.
→ *Inconvénients.* Risque pour les nappes phréatiques qui alimentent les sources (capital naturel et économique). Pollution du paysage et de l'air.
• **Les acteurs du projet et de la polémique**
→ Le conseil régional d'Auvergne et son président Valéry Giscard d'Estaing (ancien président de la République) à l'origine du projet. Les élus socialistes et écologistes sont depuis 1995 opposés au projet.
→ Les écologistes et la ministre de l'environnement Dominique Voynet.
→ Des associations de défense de l'environnement opposées au projet (18 000 signatures) et en particulier le comité de liaison des volcans d'Auvergne (Marcel Breugnot).
→ Des élus locaux qui souhaiteraient que le site soit déplacé dans leur propre circonscription.
→ Les habitants de la région (favorables à 72 %).
• **Historique** (Voir ci-dessous le récit des faits.)

6

C'est en 1992 que Valéry Giscard d'Estaing, président du conseil régional d'Auvergne et ancien président de la République, a lancé le projet Vulcania conçu par l'architecte autrichien Hans Hollein. Deux ans auparavant, Valéry Giscard d'Estaing s'était opposé à un projet similaire, conçu par les Krafft, qui prévoyait de creuser le puy de Dôme. Adopté à l'unanimité par le conseil régional en 1994, le projet Vulcania va un an plus tard susciter l'opposition des socialistes et des écologistes. Dès 1995 ces derniers trouvent le coût de l'entreprise trop élevé et contestent le choix du site. Selon eux, il existe des risques importants de pollution des nappes d'eau souterraines qui alimentent les sources de la région. Les associations de défense de l'environnement s'opposent également au projet et on assiste à une bataille d'expertises et de contre-expertises, de sondages et de pétitions. Le préfet, après plusieurs recours des opposants, finit par délivrer le permis de construire le 17 juillet 1997. Mais le lendemain, Dominique Voynet, qui vient d'être nommée ministre de l'environnement, demande une nouvelle expertise.

7

• *L'enfant chéri* → un projet que V. Giscard d'Estaing a conçu et auquel il accorde beaucoup d'importance.

• *L'affaire devient éruptive* → l'affaire suscite des passions et des coups de colère.

• *La volcanique Dominique Voynet* → comportement passionné, qui fait prévaloir fermement ses convictions.

• *Une hérésie* → un acte contraire au dogme (ici, contraire à la protection de la nature).

• *Les écologistes trouvent l'addition trop salée* → l'addition : la facture, le coût du projet – trop salée : trop chère.

• *L'enjeu de la guerre* → du conflit.

• *Une tempête politique* → des prises de positions affirmées, de vifs débats, des polémiques.

• *Les sources représentent un capital* → elles ont une valeur du point de vue du patrimoine et parce que l'eau est commercialisée.

8

a. *Charles de Gaulle* : a, c, e – *Georges Pompidou* : b, g. – *Valéry Giscard d'Estaing* : d, f, h – *François Mitterrand* : f, i, j, k – *Jacques Chirac* : l.

b. *Président de la République* : élu tous les 7 ans au suffrage universel.

Premier ministre : nommé par le président de la République (après des élections législatives, il est courant que le Premier ministre soit choisi dans la majorité).

Ministres : nommés par le Premier ministre.

Députés : élus tous les 5 ans au suffrage universel dans une circonscription (zone géographique découpée dans un département).

c. Quand les résultats d'une élection législative obligent le Président de la République à choisir un Premier ministre dans un parti opposé au sien, les deux dirigeants doivent alors cohabiter.

LEÇON 17

1

2. Le ministre de l'Environnement *déclare la guerre* (domaine militaire) : il propose des mesures qui vont fâcher les automobilistes. Autres métaphores : il *attaque* les constructeurs à propos de… La loi sur les moteurs diesel *fait l'effet d'une bombe*… Les propriétaires de véhicules fonctionnant au diesel *ripostent*… *Leur stratégie de défense*…

3. La station… *a retrouvé son énergie* (énergie – psychologie) : a recommencé à fonctionner. Autres métaphores : la station a retrouvé *une nouvelle jeunesse*… Elle paraît *en pleine forme* pour continuer sa mission.

4. *Spectaculaire coup de filet* (pêche) : arrestation de plusieurs trafiquants. Autres métaphores : *la pêche* a été bonne pour les policiers qui ont pris quelques *gros poissons* et du *menu fretin*… Les *gros requins* qui *nagent en eaux troubles* ne sont pas à l'abri…

5. *Le sacre du XV de France* (cérémonial – Histoire) : l'équipe a remporté la coupe ou le championnat. Autres métaphores : l'équipe *assise sur le trône* des vainqueurs… Une année sportive *couronnée* de succès… L'équipe *reine* de la compétition.

6. Bilbao s'offre *une vitrine culturelle* (exposition) : le musée valorise la ville. Autres métaphores : le musée sera *le joyau* de la ville… Il attirera les touristes… Il sera *l'image de*…

7. Surya Bonaly *passe le flambeau* (lumière) : Laetitia Hubert succède à Surya Bonaly. Autres métaphores : Surya Bonaly qui a *brillé*… qui a *illuminé* le sport français laisse la place à une nouvelle *étoile* du patinage artistique.

2

a. 1. courage – 2. rêverie – 3. réalisme – 4. compétences, succès – 5. envie, désir – 6. excès – 7. impulsivité, impétuosité – 8. bonheur – 9. aplomb, effronterie, culot (fam.) – 10. désemparé devant la moindre difficulté.

b. La proposition qu'il m'a faite m'a plongé(e) dans *un abîme de perplexité*.

Les journalistes ont posé au chanteur *une avalanche de questions*.

La région parisienne est le plus grand *bassin d'emplois* de France.

Sa remarque a déclenché *une cascade de rires*.

Je n'arrive pas à suivre *les méandres de la conversation*.

En été, le bois de Boulogne est *une oasis de fraîcheur*.

En août, on a atteint *un pic de pollution*.

Faire construire une maison, c'est *une source de problèmes*.

Au cours de la dispute il a déversé *des torrents d'injures*.

3

2. on reprend contact après une dispute : la réconciliation est proche.

3. les relations sont très amicales.

4. une violente dispute.

5. une personne qui a un emploi du temps très chargé et qui vit à un rythme rapide (sa vie est un tourbillon).

6. recevoir une grêle d'injures (de coups) → une série.

7. deux personnes qui ne se connaissent pas hésitent à se parler, sont réservées puis se lancent dans une conversation.

8. il est impliqué dans une affaire malhonnête.

9. il est dans une situation dangereuse pour sa carrière, l'équilibre de sa vie sentimentale. Il aborde un sujet délicat.

10. on est mal à l'aise. Les personnes qui sont ensemble ne s'apprécient pas.

11. il est toujours pressé.

12. un effet de surprise qui déstabilise.

4

a. Luc Richard a été *un acteur* important de la vie politique. Ce grand juriste est toujours resté *dans les coulisses* du pouvoir mais *il a joué un rôle* capital dans la réforme du Code pénal. À la fin des années 70, ses prises de position… l'avaient mis *sur le devant de la scène (sous les feux de la rampe)*.

b. Balzac *compose une grande fresque* de la société de son temps. On y trouve toute *une galerie* de personnages qui *sont peints* avec précision.

c. Pendant trois ans, *j'ai défriché le terrain* et *j'ai glané* pas mal de renseignements... C'est un travail que *je mûris* depuis cinq ans... Il me faudra *élaguer*... J'espère *recueillir les fruits* de mon travail.

5

• Paragraphe 1

a. *Rave* : grand rassemblement de jeunes dans un lieu original pour faire la fête (on y transpire parce qu'on danse et qu'il y a beaucoup de monde).

Repas de quartier : repas qui rassemble en été les habitants d'un quartier ou d'un village. On y festoie (bien manger, boire, danser, chanter, etc.).

Feria : dans certaines villes du sud, fête à la mode espagnole. Guincher : danser.

Fête du nouvel an chinois : la communauté chinoise présente dans de nombreuses villes fête sa nouvelle année. Défilé de dragons en papier.

Saint-Patrick : fête irlandaise célébrée surtout à Paris.

Halloween : fête d'origine celte importée des États-Unis en 1995. On se grime (se maquiller) en sorcière.

b. *Dionysos* (dieu du vin et de l'ivresse dans la Grèce antique) – *intimer* (obliger) – *jubilatoire* (une pulsion vers le plaisir) – *métisser le calendrier, mondialiser la réjouissance* (introduire des fêtes qui n'appartiennent pas à la tradition française en les important des pays étrangers).

• Paragraphe 2

Le propre d'une situation tragique est d'être sans issue, sans perspective d'avenir et d'évolution. Il n'y a alors que deux solutions : la mort et l'oubli de la réalité présente (par la fête). Pour beaucoup de jeunes notre époque ne présente aucune perspective d'avenir.

• Paragraphe 3

Morbide (la fête a un point de départ tragique) – *frénésie* (activité débordante et incontrôlée) – *prémices* (les premiers signes) – *gloser* (commenter) – *descendre dans la rue* (participer à une manifestation politique).

• Paragraphe 4

Requérir (nécessiter) – *pérenne* (qui dure longtemps) – *en plein boom* (en plein développement) – *metteur en fête* (d'après « metteur en scène », organisateur de la fête) – *sous la houlette de* (sous la surveillance).

• Paragraphe 5

a. Grand port, Marseille est par tradition une ville d'immigration. Les disparités sociales et culturelles y sont plus visibles qu'à Paris. C'est aussi une ville perméable aux influences (Italie, Afrique du Nord, Espagne, Moyen-Orient).

b. Incontournable (obligatoire parce que c'est à la mode) – les opérations... (destinées à canaliser la violence et à éviter la délinquance).

• Paragraphe 6

Parer (on attribue à la fête toutes les qualités) – *panacée* (remède universel) – *agapes* (repas de fête).

6

1er janvier : on souhaite une bonne année à toutes les personnes qu'on connaît – envoi de cartes de vœux – réveillon du 31 décembre.

Mardi gras : les enfants se déguisent – c'est la période des carnavals (défilés de chars fleuris).

Pâques : les rites se perdent (recherche par les enfants des œufs de Pâques en chocolat), Pâques n'est rien d'autre qu'un long week-end.

1er mai : fête du travail – les défilés d'organisations syndicales sont de moins en moins suivis.

14 juillet : fête nationale – le défilé militaire n'est plus guère organisé qu'à Paris et retransmis à la télévision – les bals populaires existent encore – l'animation musicale est très présente – les jeunes font exploser des pétards et des fusées – grands feux d'artifice.

Toussaint : visite traditionnelle des cimetières où l'on dépose des fleurs sur les tombes.

LEÇON 18

1

a.

- *Dire la même chose que ce qu'on a dit* : 27, 28, 31, 32.
- *Dire le contraire de ce qu'on a dit* : 13, 14, 22, 33.
- *Dire la même chose que ce que quelqu'un a dit* : 1, 2, 4, 9.
- *Dire le contraire de ce que quelqu'un a dit* : 10, 15, 24, 29.
- *Dire avec assurance* : 3, 5, 6, 36.
- *Dire à tout le monde* : 12, 16, 26, 30.
- *Dire en parlant fort* : 11, 17, 18, 20.
- *Dire en parlant bas* : 7, 19, 21, 35.
- *Donner un ordre* : 8, 23, 25, 34.

b. 2. Il *a répété* qu'il quitterait la scène...

3. Il *a démenti* les affirmations de la presse selon lesquelles il serait candidat...

4. Il *a nié* avoir cassé la vitre.

5. Elle lui *a confirmé* qu'elle rentrait par le vol de 20 h.

6. Il lui *a signifié* son renvoi.

7. Il *a désavoué* la décision de son parti.

2

• Je lui ai demandé comment il se sentait. Il m'a assuré qu'il était en pleine forme et qu'il avait bien récupéré.

• Je lui ai demandé si la préparation de l'expédition avait été suffisante. Il m'a assuré qu'ils avaient fait trois mois de préparation, que tout avait été prévu mais qu'ils avaient joué de malchance.

• Je lui ai demandé ce qu'il comptait faire maintenant. Il m'a répondu qu'il allait se reposer pendant un mois. Puis, que son coéquipier et lui commenceraient...

• Je lui ai demandé pour quand c'était. Il m'a dit qu'ils partiraient en juin... que le matériel de radio serait au point.

• Je lui ai demandé si c'était indiscret de lui demander où ils iraient. Il m'a répondu que oui, que leurs sponsors le leur interdisaient.

• Je lui ai demandé si ce ne serait pas par hasard dans les Andes. Il m'a dit que c'était possible mais de garder l'information pour moi.

3

P – On donne une petite soirée pour l'anniversaire de Marie. Ça nous ferait plaisir que tu sois des nôtres.

F – Oh, pas question!

P – Et je peux savoir pourquoi?

F – Ben... j'ai... Disons que j'ai des tas de choses à faire en ce moment. Excuse-moi je n'ai pas tellement envie de sortir.

P – François, je ne te reconnais pas. Tu me caches quelque chose. Qu'est-ce qu'on t'a fait?

F – Il y a que je ne supporte plus votre ami Didier. Voilà!

P – Didier! Mais c'est un type sympa, Didier!

F – Sympa! Tu veux rire. Un goujat oui, qui manque totalement de savoir-vivre. La dernière fois que je l'ai vu chez toi...

4

1. développement... *(la prolifération)* – armements *(un arsenal)* – abandonner *(faire une croix sur...)* – population des villes *(urbaine)*.

2. sources d'énergie... *(énergies renouvelables)* – prier... *(se rouler aux pieds de quelqu'un)*.

3. accroissement *(montée en flèche)* – une plaisanterie *(une vaste blague)*.

4. archaïque *(c'est le nucléaire de papa)* – immobile *(figé)* – arriver... *(se pointer)* – dépassé *(ringard)*.

5, 6 et 7. le lobby de l'industrie... *(les nucléocrates)* – qui défend... *(corporatiste)* – attaquer sans cesse *(harceler)* – il y en a assez *(il en a marre)*.

5

a. et **b.**

Dans une interview accordée à l'hebdomadaire *Le Point* (18 janvier 1997), le prix Nobel de physique 1992, Georges Charpak, démystifie avec verve et véhémence trois idées reçues sur le nucléaire.

Tout d'abord la croyance selon laquelle le nucléaire serait une source d'énergie dangereuse. Georges Charpak tient d'abord à faire la distinction entre le nucléaire militaire et le civil. Il admet que ce dernier présente certains dangers mais qui apparaissent extrêmement faibles lorsqu'on les compare aux autres dangers qui menacent la planète : celui que représente le tabac (10 millions de morts dans une décennie pour 50 000 victimes au maximum pour Tchernobyl), celui que présente l'utilisation du charbon. Le prix Nobel s'emporte contre le lobby écologiste qui selon lui cache la vérité et présente des études peu crédibles. Il stigmatise également le lobby des scientifiques qui pour des raisons stupidement corporatistes ont longtemps refusé de prendre au sérieux le procédé de centrale au thorium mis au point par le physicien Carlo Rubbia. Ces nouvelles centrales nucléaires qui verront le jour en 2003 ne présentent plus de risques d'accidents, produisent peu de déchets et brûlent même les déchets des anciennes centrales.

Georges Charpak écarte avec des arguments convaincants la possibilité d'avoir recours à d'autres sources d'énergie. Le charbon, qui sera épuisé dans un siècle conduirait à une catastrophe écologique s'il devait répondre aux besoins énergétiques du monde dans le prochain quart de siècle. Comme les autres sources d'énergie combustible il accroît l'effet de serre et libère des produits radioactifs.

Et le scientifique balaie d'un revers de main l'idée selon laquelle le monde pourrait se passer de l'énergie nucléaire. Ce sera au contraire le seul moyen capable de satisfaire les énormes besoins des mégalopoles dont les populations ne cessent d'augmenter.

6

1. C'est le général de Gaulle qui, au début des années 60, décide de doter la France d'une force de frappe nucléaire. Cette décision entre dans le cadre de sa politique de non-alignement (n'être dépendant ni des États-Unis, ni de l'Union soviétique, les deux grandes puissances nucléaires de l'époque).

2. C'est la crise pétrolière de 1974 qui a déterminé le président Giscard d'Estaing à lancer un vaste programme de centrales nucléaires. Depuis l'indépendance de l'Algérie (1962) la France ne disposait d'aucune ressource pétrolière propre. Les autres sources d'énergie étaient insuffisantes pour lui assurer une indépendance énergétique. L'énergie nucléaire fournit 80 % de la production électrique française.

3. Le charbon : principaux gisements dans le Nord, la Lorraine, le sud du Massif Central.

Les centrales hydroélectriques : dans les zones montagneuses, en particulier les Alpes.

Le gaz naturel : Aquitaine et région parisienne.

En 1995, la France importait pour 58 milliards de produits énergétiques (dont 51 milliards de pétrole) contre 185 milliards en 1985.

4. • Utilisation des sources d'énergie non polluantes (énergie solaire, vents, marées, énergie géothermique).

– Mises en place ponctuellement par des administrations ou des établissements publics (en raison du coût élevé de ces installations).

• Limitation des transports individuels (automobiles, camions) et développement des transports en commun (train). Cette proposition n'a pas été mise en œuvre.

LEÇON 19

1

b. Ils sont enchantés.

c. J'ai éprouvé du plaisir à la revoir.

d. Ils ont ressenti une grande joie.

e. Les négociations ont donné satisfaction aux syndicats.

f. Ça l'a rendue gaie (euphorique).

g. Ils se sentent en harmonie avec la nature.

h. Cela m'a rendu(e) gai(e) pour toute la journée.

i. Il ressent une impression d'équilibre.

2

b. Ça désespère ses parents.

c. Ça le rend malheureux.

d. Vivre dans cet appartement la déprime.

e. Il leur a fait honte.

f. Il a été déçu.

g. Cette situation ne la satisfait pas.

3

b. *La frayeur* – il s'est effrayé – ça l'a effrayé.

c. *L'affolement* – elle s'est affolée – ça l'a affolée.

d. *L'inquiétude* – il s'inquiète – ça l'inquiète.

L'appréhension – il appréhende de connaître les résultats – les résultats lui donnent des appréhensions.

L'anxiété – il éprouve de l'anxiété – ça le rend anxieux.

e. *L'épouvante* – elle a été épouvantée – ça l'a épouvantée.

f. *La terreur* – il est terrorisé – ça le terrorise.

g. *L'horreur* – il a été horrifié — ça l'a horrifié.

h. *La panique* – il est paniqué (il panique) – ça le panique.

i. *Le souci* – il a des soucis (il est soucieux) – ça le rend soucieux.

La crainte – il a des craintes – ça lui cause des craintes.

4

b. Je t'invite à plus de sagesse car tu risques de ne pas retrouver un poste facilement à ton retour...

c. Je t'engage vivement à poursuivre une carrière de musicienne...

d. Je te conseille de bien mesurer les conséquences de ta négligence...

e. Je voudrais te rassurer sur les causes de mon silence. J'ai été un peu bousculé...

5

a. 1. se réduire *(rétrécir)* – scientifique... *(démographe)* – le point de départ *(la date pivot)* – courant d'idées... *(une mouvance)* – celui qui a réalisé... *(précurseur)* – avoir des difficultés... *(avoir du mal à...)* – la fin du monde *(l'apocalypse – le jugement dernier)* – embellir... *(parer)*.

2. justification *(fondement)* – récit symbolique *(une parabole)* – éleveur de bétail *(un pasteur)*.

4. qui refuse le progrès *(rétrograde)* – cent kilos *(un quintal)* – nourriture *(subsistance)*.

b. La population de la Terre ne cesse d'augmenter. Les ressources agricoles, énergétiques, et industrielles sont nécessairement limitées. Il arrivera un jour où les besoins des hommes ne pourront plus être satisfaits. D'où la naissance de l'idée d'une « bombe P » (population) renforcée par le fait que l'activité humaine bouleverse l'équilibre écologique de la planète.

c. Argumentation d'Hervé Le Bras

1. La peur démographique a toujours existé. Mais elle reformule ses craintes au cours de l'Histoire.

Âge de la cueillette (Préhistoire) : pas plus d'une personne pour 10 km².

Âge de l'élevage : 2 à 5 personnes pour 1 km².

Âge agricole : 100 personnes par km².

2. La pénurie n'est pas pour demain.

→ Les ressources augmentent en même temps que les besoins. Les réserves pétrolières du monde sont passées de 4 milliards de tonnes en 1939 à 138 milliards en 1998. Les rendements agricoles à l'hectare ont considérablement augmenté. L'Afrique pourrait multiplier sa production par 8.

→ On découvre de nouvelles ressources : énergie nucléaire, produits de la génétique.

3. La peur démographique est un mythe qui occulte les capacités d'évolution techniques des sociétés humaines. Ce mythe prend la place aujourd'hui du péril atomique. Il correspond chez les hommes à un besoin irrationnel de peur, de croyance à l'existence d'un pouvoir occulte démoniaque.

6

(Reprendre les arguments dégagés dans les parties **b.** et **c.** de l'exercice précédent en formulant les sentiments que vous éprouvez à l'égard des faits et des arguments).

Exemple : Début d'un développement qui adhère aux idées d'Hervé Le Bras.

L'accroissement considérable de la population de la Terre *est un grave sujet d'inquiétude. On peut craindre* en effet que les ressources de la planète ne viennent à manquer. La perspective d'une augmentation de l'effet de serre entraînant des catastrophes écologiques *a de quoi nous terroriser... Il convient toutefois de dédramatiser* certains points de vue *trop alarmistes.* Tout d'abord, le fait que cette peur démographique a toujours existé *devrait nous rassurer... On doit par ailleurs mettre un bémol* aux craintes de pénurie...

7

a. 1. Les Romains qui occupent tout le territoire de l'Hexagone et sont à l'origine de la brillante civilisation gallo-romaine.

2. Les peuples germaniques qui vont modeler la société féodale.

3. L'Angleterre pour la moitié nord de la France. L'Italie pour le sud-est. L'Espagne pour le sud-ouest.

4. La France est très ouverte sur l'ensemble des pays d'Europe. Immigration en provenance d'Espagne et d'Italie.

5. La France a reçu deux influences prépondérantes : celle des États-Unis et celle de l'immigration en provenance d'Afrique du Nord.

b. 1. Le latin qui se substitue aux langues celtes parlées avant la conquête romaine.

2. Les langues germaniques (au Moyen Âge) : 400 mots parmi les plus courants sont d'origine germanique – l'arabe et le scandinave (au Moyen Âge) – l'espagnol et l'italien (du XVIᵉ au XVIIIᵉ siècle) – l'anglais (au XXᵉ siècle).

c. 57 millions.

d. 1. en légère augmentation

2. en forte augmentation

3. en très forte augmentation

4. en diminution

5. en très légère augmentation.

LEÇON 20

1

• Le célèbre tableau de Picasso « Guernica » *évoque* un épisode de la guerre civile... Mais le peintre ne *représente* pas... Il veut avant tout *exprimer* un sentiment...

Dans ce tableau l'image d'un taureau *symbolise* la bestialité... La nudité et la déformation des personnages *sont l'expression de* la condition humaine. Cette idée *est aussi représentée (évoquée)* par l'enchevêtrement...

• Le personnage de Faust *incarne (personnifie)* la dualité... Le mal *s'incarne* dans le personnage... Méphistophélès n'est pas seulement *la représentation (l'incarnation, la figure*) du démon, c'est aussi *le symbole (la figure, la représentation)* de l'homme libre…

2

a. La couleur… est parfaitement *assortie*… Le jaune *se marie (s'harmonise)*…

b. La plupart des partis politiques *s'accordent*… leurs idées ne *concordent* pas.

c. … les décors étaient souvent peints dans des *harmonies* de gris. Ces couleurs… ne *correspondent* plus…

d. … Le conférencier a parfaitement su *mettre en cohérence*…

e. Les dramaturges… ne se sont pas *conformés*… Mais la forme… *était en adéquation*… Elles *convenaient (correspondaient)*…

3

(Exercice ouvert). À titre d'exemple :
Le roman de Flaubert, *Madame Bovary*…

– *suscite* des réflexions sur la spécificité de la psychologie féminine ;

– *éveille* en moi des souvenirs de jeunes femmes que j'ai connues ;

– *provoque* tantôt le rire tantôt la compassion ;

– *nous entraîne dans* l'univers de la petite-bourgeoisie rurale du XIXe siècle ;

– *soulève* des questions sur la condition féminine ;

– *remet en question* l'esthétique romanesque.

4

Le nouveau film de… relève le niveau du cinéma français. Sur un sujet particulièrement original, l'auteur a bâti une intrigue pleine de surprises et rythmée. Des personnages pittoresques et d'une étonnante épaisseur psychologique mettent en valeur des dialogues légers, brillants et bourrés de trouvailles. La mise en scène est dynamique et pleine d'inventions, les décors sont somptueux et on apprécie les superbes effets d'éclairage.
Rien d'étonnant si un tel sujet a inspiré les acteurs. Regards expressifs et gestes gracieux, Marie B. est d'une étonnante présence. Alain B. particulièrement à l'aise dans un rôle taillé sur mesure nous livre avec conviction une interprétation très travaillée de son personnage. Quant à Bernard L., il crève l'écran.
… un raz de marée dans le cinéma.

5

• Préparation du film

1. *L'idée originale du film.* Éric Rohmer est auteur. Il écrit lui-même ses histoires et n'utilise aucun collaborateur (sinon ses acteurs). L'idée originale du film remonte souvent à un événement de jeunesse qui a été consigné sur un carnet. Cette idée passe par une longue période de maturation. É. Rohmer ne subit pas d'influences littéraires.

2. *L'écriture du scénario* : É. Rohmer fait œuvre personnelle sans se soucier des attentes du public. Les acteurs l'influencent beaucoup. Leur façon de parler, leurs compétences inattendues (un acteur qui joue de la guitare), leurs goûts (un acteur qui souhaite être professeur de philosophie) participent à la création du film.

3. *Dialogues* : É. Rohmer affirme avoir le don des dialogues naturels.

• Le tournage

1. *Conditions matérielles.* Petit budget (pas de subvention). Moyens matériels extrêmement légers en personnel. Pas de star parmi les acteurs.
Les films de Rohmer s'autofinancent grâce aux recettes (cinéma et télévision).

2. *Déroulement du tournage.* Souplesse et place laissée à l'improvisation :
– cas des films non écrits où Rohmer laisse parler ses acteurs (*Le Rayon vert*) ;
– cas des films où scénario et dialogues sont très écrits : il y a une part d'aléatoire dans la mise en scène en fonction des lieux et du temps qu'il fait.

3. *Direction des acteurs.* Rohmer ne modèle pas ses acteurs. Il exige une bonne articulation et recherche le naturel des intonations familières. La part d'improvisation dépend du film et des acteurs.

6

a. *Comparé aux productions hollywoodiennes.* Petit budget. Absence de star. Équipe réduite. Œuvre très personnelle sans étude de marché préalable.
Rohmer touche un public limité mais fidèle et qui suffit à rentabiliser ses films.
Autres metteurs en scène du courant intimiste : François Truffaut (avec des moyens plus importants) – Christian Vincent (*La Discrète*) – Claude Chabrol (dans un film comme *L'Enfer*).

b. Le cinéma des années 50 se voulait spectaculaire et théâtral : grandes fresques historiques, westerns, comédies musicales à l'américaine, comédies à la française très inspirées du théâtre. En réaction contre ce cinéma devenu une industrie, un groupe de jeunes cinéastes (Truffaut, Godard, Chabrol, Rivette, etc.) voulut retrouver la vérité de la vie, tourner dans la rue et être en prise directe avec les modes et les mentalités de son époque. Dans un article qu'elle leur consacrait, une journaliste de *l'Express* parla de « Nouvelle Vague ». L'expression est restée pour désigner ce moment de renouveau du cinéma français qui trouve ses prolongements dans le cinéma intimiste d'aujourd'hui.

c. 1. Chabrol – 2. Godard – 3. Truffaut – 4. Costa-Gavras – 5. Besson.

 LEÇON 21

1

… *on ne rencontre plus* de prêtres en vêtements ecclésiastiques…
Il se trouve de moins en moins de jeunes qui veuillent devenir prêtre.
Mais certains rites chrétiens *sont toujours vivants*…
Le calendrier grégorien institué… *est toujours en vigueur*
… mais *il existe* des signes d'un besoin de spiritualité.
L'atmosphère d'inquiétude qui *règne* aujourd'hui suscite des croyances irrationnelles.

2

... les flambées de protestations que suscitent *les carences (les défauts)*.
... faire le bilan des *défauts (des carences)* de l'École.
Les élèves soulignent souvent *le manque* de professeurs...
Ils déclarent que les lycées *sont dépourvus de* lieux de convivialité et *sont démunis* en équipements...
... les concepteurs de programmes... *manquent* de sens des réalités, les capacités... *sont absentes* de leurs préoccupations.
L'absence de véritable enseignement artistique est *une lacune* grave...
... les moyens financiers *font défaut* à cause des restrictions budgétaires. Certes le ministre et ses conseillers *ne sont pas à court* d'idées nouvelles. Mais *il manque* encore aux enseignants...

3

a.

1. la curiosité
2. une aspiration – une ambition
3. un caprice – une fantaisie – une toquade
4. une attirance – un attrait – une tentation
5. un appétit – une soif – une passion
6. un instinct
7. la convoitise
8. une inclination – un penchant – une tendance
9. une envie
10. un souhait – un vœu

b. 2. ... il éprouve une attirance pour elle.
3. ... elle s'est passé une fantaisie.
4. ... cette promotion satisfait ses ambitions (comble ses vœux).
5. ... il faut faire un vœu.
6. Michel a soif de connaissances.
7. ... Il a tendance à fumer un peu trop.
8. ... Elle peut enfin satisfaire sa passion.

4

1. produire... *(exclure)* – contrôler *(évaluer)* – lieu saint... *(sanctuaire)*
2. tenir... *(se crisper sur)* – qui font partie... *(consubstantiel)*
3. avantage *(atout)* – liaison... *(une cohérence)* – inutile et sans objet *(vain)* – apparition *(émergence)* – groupe... *(constellation)*

5

1. *Constat.* L'école est un facteur d'exclusion. Elle ne reconnaît pas tous les talents. L'école ne s'est pas adaptée aux réalités de la nouvelle société. Archaïsme des activités, de la hiérarchie des disciplines, de la pédagogie.
2. *Opposition à un premier type de solution* : la solution « républicaine » préconise un retour aux anciennes pratiques et aux anciennes valeurs (réhabilitation de l'autorité du professeur – retour aux disciplines de base – coupure entre l'école et l'entreprise).
→ Cette argumentation reste aveugle sur l'avenir. Elle s'inscrit dans une réaction de peur du changement.

3. *Opposition à un deuxième type de solutions* : l'école doit se mettre au service de l'entreprise et former de futurs professionnels.
→ On ne connaît pas tous les métiers de demain. On sait seulement que la mobilité, l'adaptabilité feront partie des exigences futures.
4. *Analyse des besoins et projet.* L'école doit reconnaître tous les talents et les valoriser. Elle doit développer les capacités d'innovation et de création. Pour cela il faut :
→ redonner une place importante à la culture générale ;
→ donner une plus grande place aux disciplines artistiques ;
→ introduire dans chaque discipline des démarches créatives.

6

a. • L'Éducation nationale : l'ensemble des services qui dirigent et contrôlent l'éducation en France (organisation, programmes, examens, etc.) et l'ensemble des personnels enseignants de l'enseignement public.
• 80 % des élèves sont scolarisés dans l'enseignement public.
• 20 % des élèves sont scolarisés dans l'enseignement privé. Une grande partie des écoles privées appartient à des congrégations religieuses mais l'enseignement religieux n'y tient plus une grande place et peut être facultatif. Ces écoles sont aujourd'hui aidées et contrôlées par l'État.
• Les enseignants du secteur public ont un statut de fonctionnaire.
• Dans l'enseignement primaire : les instituteurs (catégorie en voie de disparition) et les professeurs d'école.
Dans l'enseignement secondaire : les professeurs certifiés (ayant passé le CAPES, certificat d'aptitude à l'enseignement secondaire), les agrégés (titulaires de l'agrégation), les adjoints d'enseignements et les maîtres auxiliaires (non titularisés). Dans l'enseignement supérieur la carrière évolue selon les grades suivants : assistant, maître de conférence, professeur.
• Tous deux dénoncent la complexité du système, le corporatisme des enseignants (dans une même classe on peut trouver un agrégé qui enseigne 15 heures par semaine et un certifié qui fait 18 heures pour un traitement inférieur, etc.), le poids considérable des syndicats. D'où un système extrêmement difficile à faire bouger (mammouth) et où toute tentative de réforme prend des allures de sacrilège (sanctuaire).

b. • **Élèves du primaire** : 3 heures le matin et 3 heures l'après-midi sur quatre jours ou quatre jours et demi par semaine (dans le 1er cas, les vacances sont réduites). L'enseignement s'y déroule en séquences de 30 à 45 minutes. Les élèves n'ont en principe pas de travail écrit à faire à la maison.
• **Élèves du lycée** : une trentaine d'heures obligatoires auxquelles s'ajoutent des options facultatives. Ces heures peuvent être réparties sur toute la semaine matin et après-midi. Le travail à faire à la maison représente plus de 10 heures hebdomadaires.

c. La langue maternelle : importance de l'enseignement grammatical et de l'orthographe ainsi que de l'étude des textes littéraires – rôle insuffisant accordé aux activités d'expression orale et écrite.

L'enseignement des mathématiques: c'est un moyen de sélection.

Les disciplines artistiques: négligées et mal considérées (une heure hebdomadaire de musique qui peut être placée n'importe quand dans la journée).

Les langues étrangères: volonté de développer cet enseignement (méthodes actives, initiation dès le cycle primaire, voyages linguistiques) mais qui se heurte aux lourdeurs du système.

d. 1. L'argumentation « républicaine » est un projet conservateur défendu par les nostalgiques de l'école de la IIIe République. Il met l'accent sur les savoirs et les savoir-faire de base.

2. L'autre projet (école conçue selon les besoins de la société) est celui de la tradition américaine.

e. L'important serait de concilier le développement d'une compétence de rédaction utilitaire (préparer l'avenir) et le goût de l'écrit comme expression personnelle (de l'imaginaire, des sentiments, etc.).

LEÇON 22

1

2. *La plupart* estiment… *La quasi-totalité (une majorité écrasante)* estime…

3. *Très peu (quelques-uns)* sont défavorables…

4. *Beaucoup (une large majorité, une forte proportion)* pense(nt)

5. *La moitié* estime…

6. *Quelques-uns* affirment… *Une petite fraction (une très faible minorité)* affirme…

7. *Aucun* n'a opté… *Pas un* n'a opté… *Nul* n'a opté…

8. … à *quelques* personnalités. *Certains* ont répondu… *D'autres* nous ont téléphoné…

9. … *Ni l'un ni l'autre* n'ont répondu.

2

a. 1. C'est un poste secondaire.

2. C'est une charge légère.

3. Pour un salaire élevé.

4. Des capacités limitées.

5. D'une disponibilité réduite.

6. Des idées courtes et une vision superficielle de la situation.

b. 1. Un problème mineur (dérisoire).

2. Les enquêtes sont sérieuses (approfondies)… ce sont de petits mensonges (des mensonges dérisoires).

3. Ces révélations ne tirent pas à conséquences.

4. C'est un fait d'une portée négligeable.

5. Cela ne présente aucun intérêt.

6. Ça peut attendre (ça ne mérite pas qu'on s'y arrête).

3

a. 2. La violence n'influence pas les enfants *autant que* ce qu'on croit.

3. L'information est *beaucoup moins* objective *que* ce qu'elle paraît.

4. Certains faits sont *moins* importants *qu*'on ne le laisse croire.

5. L'information fabrique *plus* l'événement *qu*'elle ne le relate objectivement.

b. 2. Il *n'y a* aucun *rapport* entre les fonctions d'un avocat américain et celles d'un avocat français.

3. Un procès en France ne peut pas *être assimilé* à un procès aux États-Unis.

4. Si *on met en parallèle* le comportement des Français face à la justice et celui des Américains, on s'aperçoit que ces derniers sont beaucoup plus procéduriers.

4

• **Introduction**

a. Règles morales… *(déontologie)*

b. Les dirigeants de tous types n'agissent pas toujours en accord avec la loi. Ce type de faits a toujours existé. La nouveauté réside dans le fait que la presse les dénonce et que la justice s'occupe du problème. La justice demande plus d'indépendance. Sous la pression populaire (des sondages) le gouvernement accorde cette liberté.

• **Paragraphe 1**

a. en direction… *(à l'encontre de)* – idée reçue… *(vieux couplet)* – soumission *(la sujétion)* – remarquer *(relever)* – être interrogé… *(être mis en examen)* – nombre important… *(charrettes)*.

b. La multiplication des « affaires » est la preuve de l'indépendance de la justice et contredit l'idée reçue selon laquelle la justice serait aux ordres du pouvoir.

• **Paragraphe 2**

a. sur ce point *(à cet égard)* – privilège *(apanage)* – ensemble… *(la magistrature)* – gagner *(l'emporter)* – faire disparaître *(engloutir)*.

b. Un magistrat est un fonctionnaire de justice. La magistrature se répartit entre ceux qui décident qu'un acte doit être étudié par la justice (le procureur), ceux qui instruisent le procès (juge d'instruction) et ceux qui jugent (membres des tribunaux, avocat général, etc.). Les avocats chargés de défendre les individus ne font pas partie de la magistrature. Les huissiers sont des fonctionnaires assermentés (voir corrigé Leçon 6, ex. 3 p. 106).

c. À la fin du Moyen Âge, la justice est chargée de faire respecter les ordres du roi. Il y a donc sujétion des magistrats à leur souverain. À partir du XVIIe siècle, la justice dont les membres constituent la majorité du parlement va devenir une force politique. Son alliance avec la bourgeoisie conduira à la Révolution.

• **Paragraphes 3 et 4**

a. Entente… *(conspiration)*

b. On peut croire que la multiplication des « affaires » est le résultat d'un désir de revanche de la justice trop longtemps assujettie au pouvoir (qui se méfie d'elle). Il s'agit plutôt d'un changement de mentalité.

• **Paragraphe 5**

a. Dans le texte : *la Cour de Justice du Luxembourg, la Cour européenne des droits de l'Homme* : juridictions européennes qui sanctionnent les États qui n'observent pas les lois et les directives de l'Union européenne.

Le Conseil constitutionnel : juridiction suprême qui s'assure que les lois sont en accord avec les principes de la constitution.

Autres juridictions : *tribunal administratif* (juge des conflits d'ordre administratif) – *conseil des Prud'hommes* (juge les conflits entre patron et employés) – *tribunal correctionnel* (juge les délits mineurs) – *cour d'assises* (juge les criminels) – *cour d'appel* (détermine si une affaire doit être rejugée) – *cour de cassation* (annule les procès).

b. L'action exercée par les cours suprêmes européennes ou françaises montre bien que l'État (ses dirigeants et ses fonctionnaires) n'est pas au-dessus des lois. La Justice a donc aujourd'hui une mission importante de contrôle des États.

• **Paragraphe 6**

a. Toute personne… *(justiciable)* – mauvais fonctionnement *(dysfonctionnement)* – et même… *(voire)* – honnête *(intègre)* – se considérer… *(répondre de…)*.

b. Dans le passé la subordination de la magistrature au pouvoir avait pour corollaire l'irresponsabilité des juges. C'était l'État qui était tenu pour responsable.

Aujourd'hui, leur indépendance et la mission de contrôle du pouvoir qui leur incombe exigent qu'ils soient tenus pour responsables de toutes les erreurs qu'ils pourraient commettre.

LEÇON 23

1

2. *Ennui* – (R) Non, mais je n'ai pas été très attentif à certains moments.

3. *Anxiété et affolement* – (R) Pas vraiment mais ça m'inquiète un peu et je ne suis pas très sûr de moi.

4. *Haine* – (R) Disons que je n'arrive pas à t'apprécier.

5. *Amour passion* – (R) Pas jusque-là mais je suis très attaché(e) à elle (à lui).

6. *Jalousie* – (R) Je ne suis pas jaloux (se) mais je l'envie un peu (J'aimerais bien être à sa place).

7. *Surprise et joie* – (R) Disons que ç'a été une heureuse surprise.

8. *Honte* – (R) Non mais c'est vrai que j'étais un peu mal à l'aise.

2

1. « Clair-obscur », c'est *le film* de la semaine. Les images sont *d'une beauté* ! Je l'ai vu hier soir. Il y avait *un de ces mondes* !

2. Paul est *l'intelligence même*. Il a *une de ces mémoires* ! Ses réflexions *sont d'une profondeur* !

3. « Le Bambou », c'est *la discothèque à la mode*. Il y a *une de ces ambiances* ! Et leur show vers minuit est *d'une drôlerie* !

3

2. Nous avons été très bien reçus.

3. On s'est bien marré (amusé). Tout le monde était en pleine forme.

4. Bernard a raconté des anecdotes qui nous ont beaucoup amusés.

5. J'avais une collègue sympa à côté de moi. Qu'est-ce qu'on a pu se dire !

6. Le PDG a parlé de moi dans un petit discours plein d'humour.

7. Quand j'ai dû lui répondre j'étais complètement bloqué.

4

a. 2. A : C'est vrai elle a une petite expérience professionnelle.

B : Plusieurs années d'expérience dans la même entreprise, ça compte !

3. A : Certes, ce n'est pas une misanthrope.

B : Je dirais qu'elle a un sens extraordinaire des contacts humains.

4. A : J'admets que lorsqu'elle parle on ne s'ennuie pas.

B : Elle a beaucoup d'humour.

b. 1. A : Deux chauffeurs ont dû faire face à des incidents regrettables. L'un deux en a subi physiquement les conséquences.

B : Ils ont été sauvagement agressés et le sang a coulé.

2. A : La moitié du personnel a arrêté le travail occasionnant quelques perturbations dans le trafic.

B : La grève a été suivie par une large majorité des agents qui ont bloqué le trafic.

3. A : Les négociations sont sur le bonne voie.

B : Les négociations sont dans une impasse.

c. 1. A : Nous avons eu de nombreuses journées de beau temps.

B : Il a plu un jour sur deux.

2. A : L'eau était fraîche.

B : Pour moi, elle était glacée.

3. A : À propos de Paul on a un souvenir amusant…

B : Nous avons frôlé le drame.

4. A : On n'a pas eu le temps de s'ennuyer avec tous les gens qui sont passés nous voir.

B : La prochaine fois on louera un hôtel.

5. A : Lucie est sortie en boîte deux ou trois fois.

B : Elle a mené une vie de noctambule.

5

Enfants	Parents
tyrans – *ayatollahs en salopette* (ils imposent leur autorité à leurs parents) – *enfant-roi* (tout le monde est à leur service) – *insolence* (ils sont verbalement agressifs) – *abandonnés (livrés) à eux-mêmes* – *frustrés par la réalité* – *vandales* (qui commettent de petits délits) – *échec scolaire* – *dyslexie* (difficultés dans l'apprentissage de la lecture) – *hyperactivité motrice* (bougent beaucoup)	*désarçonnés* (ne savent plus comment faire) – *père souvent absent* qui ne veut pas *jouer le rôle du père Fouettard* (autoritaire) – *gavés de psychologie* qui invite au laxisme
piquent des crises (caprices) – *se roulent de colère* – *imposent leur loi* – *menacent physiquement* – *grandissent précocement* – *ont besoin d'être grondés* – *n'apprennent pas la frustration et la contrainte* – *croient que leurs désirs sont des réalités* – *s'imposent des contraintes dramatiques* – *développent des phobies*.	*appellent les psychologues à l'aide* – *délèguent leur autorité à l'école* – *hésitent à sévir* (punir) – *préfèrent « cocooner »* (jouer tranquillement avec leurs enfants) – *pratiquent la séduction et la démagogie* – *prêtent à leurs enfants des désirs d'adultes* – *élèvent leurs enfants dans le sentiment de leur toute-puissance*.

6

1. **Origine**: *Le Figaro Madame* – Public : féminin, classes moyennes et supérieures, conservateur.

2. **Exposé du phénomène** : les enfants sont devenus plus turbulents, insolents, tyranniques. Les parents n'ont plus de repères pour élever leurs enfants.
Effets d'exagération : le vocabulaire (tyran, ayatollah) ; l'évocation de scènes (caprices d'enfants) avec procédés de généralisation ; amplification du désarroi des parents («Ils sont des centaines»).

3. **Explication du phénomène**
→ Les changements dans l'emploi du temps familial : les parents voient moins leurs enfants, surtout le père (représentant l'autorité), à cause du travail.
→ Les changements dans la structure familiale : famille monoparentale où le père est absent.
→ Les effets d'une psychologie libertaire ayant pour seul objectif l'épanouissement de l'enfant.
→ La «démocratie familiale» : l'enfant est considéré comme un adulte. Les parents pensent que satisfaire leurs vœux les rend heureux.

4. **Les risques d'une éducation laxiste**
→ L'enfant interprète l'absence de règles comme de l'indifférence (absence d'amour).
→ L'enfant sera frustré par la réalité.
→ L'acceptation du refus est un passage obligé de la construction de la personnalité.
→ La punition libère l'enfant d'une culpabilité trop lourde.
→ L'acceptation des contraintes familiales prépare l'enfant à celles de l'école (risque d'échec scolaire).
→ Risque de troubles du comportement : hyperactivité motrice, autopunition, anorexie, phobies.

5. **Intérêt d'une éducation autoritaire**
→ Construction d'une personnalité équilibrée.
→ Socialisation.
→ Préparation à l'école.

6. **Conseils sur la conduite à tenir**
L'autorité est affaire de communication verbale, d'exigence permanente donc de présence. Elle ne passe pas par la punition physique. Les parents doivent réapprendre à dire non.

7

a. *Famille monoparentale* : l'enfant est élevé par un seul parent (la mère dans la plupart des cas).
Famille éclatée : pour des raisons professionnelles ou affectives le père et la mère ne vivent pas sous le même toit.
Famille recomposée : à la suite d'une séparation et d'une nouvelle union un enfant peut vivre avec des demi-frères (ou sœurs) et des enfants d'une autre union.
Évolution de la famille : elle ne s'inscrit plus dans la durée, sa composition peut se modifier. *Causes :* disparition des interdits moraux et juridiques qui pesaient sur la séparation et le divorce – mobilité professionnelle – individualisme qui fait passer le plaisir personnel avant le souci d'équilibre familial.

b. Dans le passé la solidité et la pérennité de la famille assuraient l'avenir du patrimoine (la ferme, le métier, le capital) et la sécurité des parents âgés (qui étaient pris en charge par les enfants). L'évolution économique et sociale a fait disparaître ces valeurs. Les enfants ne font plus le métier de leurs parents. Ils changent de niveau socioculturel. La société prend en charge l'assistance aux personnes âgées.
L'union libre (ou concubinage) est reconnue en France. Elle implique les mêmes droits et les mêmes devoirs en matière de sécurité sociale, de fiscalité, d'enfants (à condition que le père reconnaisse l'enfant) mais pas en matière d'héritage ou de retraite (le conjoint ne perçoit pas la retraite du concubin décédé).
La législation a toutefois tendance à évoluer vers la quasi-assimilation du concubinage et du mariage.

c. *Entre conjoints* : Émancipation de l'épouse – Autonomie des conjoints – Confusion et harmonisation des tâches et des rôles – Solidarité des conjoints (droits sociaux, retraite, etc.).
Entre parents et enfants : Majorité des enfants à 18 ans (au lieu de 21 ans jusqu'en 1974) – Égalité de traitement des différents enfants – Exigence de solidarité entre parents et enfants (les parents ne peuvent pas déshériter un enfant, les enfants ont un devoir d'aide financière quand leurs parents en ont besoin) – Disparition des mentalités patriarcales ou matriarcales.
Entre parents et grands-parents : les grands-parents aident beaucoup leurs enfants. Ils les aident financièrement et s'occupent de leurs petits-enfants.

LEÇON 24

1

a. 1. Un projet de l'État d'un coût de 100 millions de francs vise à aménager le site de Carnac.
2. 100 millions de francs seront dépensés par l'État pour aménager…
3. L'aménagement du site préhistorique de Carnac est un projet de l'État qui coûtera 100 millions de francs.

b. 1. C'est à Carnac que 2 800 menhirs doivent être protégés d'une foule…
2. C'est 2 800 menhirs qui, à Carnac, doivent être protégés d'une foule…
3. C'est d'une foule de touristes de plus en plus nombreux que les 2 800 menhirs de Carnac doivent être protégés.

c. • C'est un site à côté duquel les autres groupes de mégalithes font figure…
• C'est un endroit où les vaches broutaient…
• Ce sont des vestiges de la Préhistoire qui doivent être protégés.
• C'est le site de France qui a été le plus négligé.
• C'est un projet auquel nous accordons toute notre attention.

2

1. Dans l'arrière-pays de Nice s'étend la *Vallée des Merveilles*.
2. Ce qui *fait la célébrité* de cette vallée c'est la présence d'étranges inscriptions…

3. Mais ce n'est qu'après plusieurs heures de marche que peuvent être découverts ces *signes mystérieux*.

4. *Pénible* sera l'ascension et *difficile* (sera) la découverte de ces signes dispersés sur un espace de 14 km².

5. Au déchiffrage de ces signes ont travaillé *de nombreux chercheurs*.

6. Ce qui *les étonne*, c'est que ces milliers de figures s'organisent à partir de quatre formes de base.

3

a. 2. *Nul* ne peut rester indifférent à son charme.

3. *Aucune* ville antique n'est comparable à ce site.

4. *Personne* ne peut y rester moins d'une journée.

5. *Pas un* lieu de cette étrange ville n'est semblable aux autres.

b. 2. Il n'y a pas de visite qui soit plus passionnante.

3. Il n'existe pas d'autres villes troglodytes qui puissent rivaliser avec Pétra.

4. Il n'existe pas de destination qui fasse autant l'unanimité.

c. 2. *Moins* il y a de touristes (et) *mieux* on l'apprécie.

3. On l'apprécie *d'autant mieux* que l'on prend son temps.

4. Le site est *d'autant plus* surprenant que les couleurs des monuments…

5. On éprouve *d'autant plus de* plaisir qu'on repasse plusieurs fois…

4

Introduction. Machine-outil… *(un rouleau-compresseur)* – donner l'impression de… *(faire mine de…)* – glace… *(glace sans tain)* – petit drapeau *(un fanion)*.

1. Condamnation… *(un anathème)* – parti… *(Front national)* – révolutionnaire *(subversif)*.

2. Nouveauté *(inédit)*.

4. Toucher *(affecter)* – immédiatement *(d'emblée)* – rythmer *(scander)* – devenir courant… *(être banalisé)* – refuser… *(récuser)* – se soumettre à… *(se rendre à…)*.

5. et 6. Inévitablement *(inéluctablement)* – qui ne peut disparaître *(indissoluble)* – qui dépasse… *(entité sublime – sacré)*.

5

1. Magazine *Le Point* – Lecteurs cultivés.

2. Au cours de l'été 1997, quatre expositions d'art contemporain suscitèrent une polémique entre intellectuels et critiques d'art. Les anti-art moderne accusèrent leurs adversaires d'être des snobs incultes et incompétents ; ces derniers taxant les premiers de conservateurs d'extrême droite.

3. Le problème n'est pas celui de l'éternel débat entre tradition et modernité. Dans l'Histoire, la modernité a toujours fini par devenir tradition à l'échelle d'une ou deux générations. Or, ce n'est pas le cas avec la rupture qui s'est produite dans l'art au début du XXe siècle. Cent ans après, les modernes restent toujours des modernes qui choquent le grand public.

4. Depuis la plus haute Antiquité et jusqu'au début du XXe siècle, l'art a eu pour fonction d'incarner dans un matériau (couleur, pierre, etc.) une vérité supérieure.

Cette vérité a changé au cours des siècles et l'art a évolué dans le sens d'une sécularisation (laïcisation) et d'une humanisation (représentation de l'homme et de son environnement).

Cette évolution s'est terminée au milieu du XXe siècle quand l'artiste n'a plus représenté que lui-même. Dès lors, l'art n'a plus consisté à représenter quelque chose mais à manifester inlassablement sa rupture avec le passé.

5. La mission de l'artiste serait de retrouver un nouveau sens du sacré qui soit à visage humain.

N° de projet : 10044313 - (I) - 15 - (OSBA 80) – Mai 1999
Imprimé en France par Pollina, 85400 Luçon - n° 77559